新版

ワークシートで創る！

中学校3年間の
キャリア教育・
進路指導

松井賢二・田村和弘　編著

東洋館出版社

は じ め に

　2007 年刊行の『ワークシートで創る！　中学校 3 年間のキャリア教育・進路指導』では、キャリア教育・進路指導に関心をもつ大変多くの読者の先生方に手に取っていただき、10 版以上を重ねた。それから 16 年が経ち、日本におけるキャリア教育・進路指導に関する研究の推進及び実践の充実は隔世の感を覚える今日である。例えば、2019 年の文部科学省「『キャリア・パスポート』例示資料等について」、2020 年の国立教育政策研究所生徒指導・進路指導研究センター「キャリア教育に関する総合的研究第一次報告書」等、キャリア教育・進路指導に関する多くの資料が公表されている。また、市民としての資質・能力（市民性）の育成、2015 年に採択された持続可能な開発目標（SDGs）、GIGA スクール構想に基づく ICT 活用の推進等、学校現場をめぐる環境は大きく変化してきている。

　私は、今日のキャリア教育・進路指導に対する中学校現場からの高い関心があるうちに、これまでの状況（卒業年次に偏った、いわゆる「出口指導」）を改め、中学校において「本来あるべき」キャリア教育・進路指導を推進していきたい、という強い願いをもっている。

　そこで、研究と実践等の進展を考慮し、根幹に関わる内容は継承しながらも、最新の教育事情に合わせた内容に刷新し、このたび「新版」を発行する運びとなった。

　このような趣旨で刊行に至った本書では、以下のことに留意しながら編集した。

① 「出口指導」ではなく、中学校 3 年間のキャリア教育・進路指導の継続性を何よりも重視しているため、中学生のキャリア発達段階を最大限考慮し、重要と考える指導内容を網羅した。また、より系統的かつ効果的に行えるよう、指導の順序にも配慮した。

② 　中学校におけるキャリア教育・進路指導の効果的な活動である「職場体験活動」については、コロナ禍等で実際の活動が減少したけれども、その必要性・重要性を鑑み、今後の更なる進展への大きな期待を含めて、本書においても中核に置いている。

③ 　ご利用くださる先生方が使いやすいように、1 項目（指導内容）につき見開き 2 ページ構成とし、左ページには「指導のねらい」や「指導方法」、「指導のポイント」を、右ページには、できるだけそのまま授業で使用できる「ワークシート」を掲載した。

④ 「指導方法」や「指導のポイント」において、1 人 1 台の情報端末の効果的な活用方法について提案した。

　最後に、中学校のキャリア教育・進路指導を推進される先生方にとって、本書が引き続き何らかのお役に立ち、その実践を通して、中学生一人一人のキャリア発達促進につながることを心より願っている。

2023 年 5 月

編著者　松井　賢二

目　次

本書掲載のワークシートについて

　本書に掲載しているワークシートは、東洋館出版社ホームページ内にある「マイページ」からダウンロードすることができます。ただし、本書のデータを入手する際には、会員登録及び下記に記載しているユーザー名とパスワードが必要になります。

　なお、ワークシートは全て PDF ファイルなので、電子黒板に映したり、学習者用端末で共有したりすることができます。

◆入手の方法について

① 　東洋館出版社ホームページ (https://www.toyokan.co.jp/) にアクセスします。

② 　すでに会員である場合は、メールアドレスとパスワードを入力後にログインしてください。会員でない場合は必須項目を入力後、「アカウントを作成する」をクリックしてください。

③ 　マイアカウントページにある「ダウンロードページ」をクリックしてください。

④ 　対象の書籍をクリックし、下記のユーザー名とパスワードを入力してください。

　　　ユーザー名：career-shinro

　　　パスワード：6kFyS9zU

◆使用上の注意点及び著作権について

・リンク先にはパソコンからアクセスしてください。スマートフォンではファイルが開けないおそれがあります。

・PDF ファイルを開くためには、Adobe Acrobat がインストールされていることなどが必要です。

・PDF ファイルを拡大して使用すると、文字やイラストが不鮮明になったり、線にゆがみなどが出たりする場合があります。あらかじめご了承ください。

・収録されているファイルは、著作権法によって保護されています。

・著作権法での例外規定を除き、無断で複製することは法律で禁じられています。

・収録されているファイルは、営利目的であるか否かにかかわらず、第三者への譲渡、貸与、販売、頒布、インターネット上での公開等を禁じます。

・ただし、購入者が学校での授業において、必要最小限の枚数を生徒に配付する場合は、この限りではありません。ご使用の際、クレジットの表示や使用許諾申請、使用料のお支払い等の必要はありません。

◆免責事項について

・ファイルの使用で生じた損害、障害、被害、その他いかなる事態についても弊社は一切の責任を負いかねます。

・お問い合わせは、下記のページからのみ受け付けます。

　　　https://www.toyokan.co.jp/pages/contact

・パソコンやアプリケーションソフトの操作方法については、各製造元にお問い合わせください。

I

キャリア教育・進路指導の
基本的な考え方

1 | キャリア教育と進路指導

　ここでは、進路指導とキャリア教育に関する代表的な定義を挙げながら、若干説明を加えたい。

(1)　進路指導とは

　まずは、『進路指導の手引』（当時の文部省）で出された定義から紹介したい。

①　文部省（1961）

　文部省（1961）は『中学校進路指導の手引—中学校学級担任編—』の中で、次のように定義している。

　「進路指導とは、生徒の個人資料、進路情報、啓発的経験および相談を通じて、生徒がみずから、将来の進路の選択、計画をし、就職または進学して、さらにその後の生活によりよく適応し、進歩する能力を伸長するように、教師が組織的、継続的に指導・援助する過程」

　この定義はかなり前のものであるが、重要な定義の一つである。なぜならば、この中には進路指導の六つの活動領域（第3節参照）が全て網羅されているからである。

　1　個人理解（生徒理解・自己理解）を深める活動
　2　進路情報を収集・活用する活動
　3　啓発的経験を得させる活動
　4　進路相談（キャリア・カウンセリング）を実施する活動
　5　進路先の選択・決定に関する活動
　6　卒業後の追指導（フォローアップ）に関する活動

②　文部省（1978）

　その後、文部省は、『中学校・高等学校　進路指導の手引—高等学校ホームルーム担任編—（改訂版）』の中で次の定義を掲げた。

　「進路指導は、生徒の一人ひとりが、自分の将来の生き方への関心を深め、自分の能力・適性等の発見と開発に努め、進路の世界への知見を広くかつ深いものとし、やがて自分の将来の展望を持ち、進路の選択・計画をし、卒業後の生活によりよく適応し、社会的・職業的自己実現を達成していくことに必要な、生徒の自己指導能力の伸長を目指す、教師の計画的、組織的、継続的な指導・援助の過程」

　ここで特徴的なのは、一つには「生き方」という文言が使用されたことであり、もう一つは、進路指導は「社会的・職業的自己実現」の達成を目指す、ということが明確に打ち出されたことである。

③　日本進路指導学会（1987）

　次に、日本進路指導学会（日本キャリア教育学会の前身）の中に定義委員会が組織され、進路指導の定義が検討された。その結果、公式的に「総合的定義」と「学校教育における定義」の二つが発表されたが、後者は以下のとおりである。

　「学校における進路指導は、在学青少年がみずから、学校教育の各段階における自己と進路に関する探索的・体験的諸活動を通じて自己の生き方と職業の世界への知見を広め、進路に関する発達課題と主体的に取り組む能力、態度等を養い、それによって、自己の人生設計のもとに、進路を選択・実現し、さらに卒業後のキャリアにおいて、自己実現を図ることができるよう、教師が学校の教育活動全体を通して、体系的、計画的、継続的に指導援助する過程である」

　ここにあるように、進路指導は、「自己の生き方」を考え、「進路に関する発達課題」（進路〔キャリア〕発達課題）に主体的に取り組み、最終的には個々のキャリアにおいて「自己実現」を図ることを目指す教育活動であるといえよう。

(2)　キャリア教育とは

　ここでは、キャリア教育の定義を挙げる前に、「キャリア」の意味を確認しておきたい。

①　「キャリア」とは

　「キャリア」（career）の意味について簡単に触れておきたい。狭義と広義とに分けて考えると、狭義の場合、「キャリア」とは職業、職務、履歴、経歴などの意味で使用されている。ところが、広義の場合には、人生あるいは「生き方」そのもの、という意味である。キャリア教育という場合には、当然のことながら、広義の意味で使用されている。換言すれば、「キャリア」とは、「職業生活等に限定したものではなく、生涯にわたる人間としての生き方やその人が一生のなかで果たすべき役割（この組み合わせが生き方の表現方法）との関連のなかでとらえられるものである」（松井, 2007）といえる。

　同じような立場から、中央教育審議会答申（2011）においても、キャリアとは、「人が、生涯の中で様々な役割を果たす過程で、自らの役割の価値や自分と役割との関係を見いだしていく連なりや積み重ね」（p.17）と述べている。

②　キャリア教育の定義

　文部科学省関連で見られるキャリア教育の代表的な定義を見ておきたい。

●中央教育審議会（1999）

　キャリア教育という文言が文部科学行政関連の審議会報告等で初めて登場したのは、中央教育審議会答申「初等中等教育と高等教育との接続の改善について」（1999）であった。この答申では、学校種間における接続だけではなく、「学校教育と職業生活との接続」の改善も視野に入れたものであり、具体的には「小学校段階から発達段階に応じて実施する必要がある」と

述べている。その中で、「望ましい職業観・勤労観及び職業に関する知識や技能を身に付けさせるとともに、自己の個性を理解し、主体的に進路を選択する能力・態度を育てる教育」(p.39)とキャリア教育を定義付け、「主体的な選択能力・態度の育成」という観点を強調した。

●文部科学省（2004）

初等中等教育におけるキャリア教育の在り方については、学識経験者や経済団体関係者、学校教員等で構成される協力者会議を設け、2004年1月に「キャリア教育の推進に関する総合的調査研究協力者会議報告書」が公表された。その中で、次のように定義している。

すなわち、キャリア教育とは、「児童生徒一人一人のキャリア発達を支援し、それぞれにふさわしいキャリアを形成していくために必要な意欲・態度や能力を育てる教育」であり、端的に言えば、「児童生徒一人一人の勤労観、職業観を育てる教育」であるとした。

ここでは、「キャリア発達の支援」と「キャリア形成に対する意欲・態度、能力の育成」を目指す教育であると意味付けている。

●中央教育審議会（2011）

2011年に中央教育審議会は「今後の学校におけるキャリア教育・職業教育の在り方について」を公表し、その中で、キャリア教育を「一人一人の社会的・職業的自立に向け、必要な基盤となる能力や態度を育てることを通して、キャリア発達を促す教育」であると定義付けた。

この定義では特に、「社会的・職業的自立」を目指し、「キャリア発達の促進」を図る教育であるという側面が強調されている。

⑶ キャリア教育と進路指導との関係

ここでは、キャリア教育と進路指導の関係について考えたい。

① キャリア教育の中核は「本来の」進路指導の実践

従来（特に20世紀）の中学校や高等学校において行われてきた進路指導は、学力（成績）中心で偏差値重視の「振分け指導」であり、「出口指導」であると批判されてきた。例えば、文部科学省（2004）では、「今なお、『進路決定の指導』に重点が置かれ、志望先の選択・決定等にかかる『出口指導』や進学指導、就職指導に終始しがちになっている状況は少なからず見受けられる」と述べている。

このいわゆる「従来の」進路指導では、おおよそ「進路決定の指導」だけに力点が置かれていた。つまり、上述（第1項）の進路指導の活動の「5　進路先の選択・決定に関する活動」が特に重要視され、それを中心に展開されてきた結果、卒業年次（中3や高3）の時期に進路指導が集中的に実施されてきた。換言すれば、進路指導における他の活動、つまり上述の1から4までの活動が軽視されてきたということである。この「従来の」進路指導は、いわゆる「本来の」進路指導からはほど遠くかけ離れた姿であった。

しかし、キャリア教育が提唱されて以降、文部科学省（2004）においても、「定義・概念と

しては、キャリア教育との間に大きな差異は見られず」とした上で、「進路指導の取組は、キャリア教育の中核をなすということができる」と述べている。つまり、キャリア教育において進路指導はその中核的部分を占めており、必要不可欠な活動ということである。ここでいう「進路指導」とは、当然のことながら、「従来の」進路指導ではなく、「本来の」進路指導のことを意味している。「本来の」進路指導、あるいは「本来あるべき」進路指導を実践することこそが、まさしくキャリア教育を積極的に推進していくことになるということを強調しておきたい。

② 「進路指導」は中・高の用語

進路指導は言うまでもなく、中学校と高等学校を中心とした学校で用いられる用語である。一方、キャリア教育は、就学前教育の段階から初等中等教育、高等教育、更には学校から社会への円滑な移行を支援している関係諸機関においても実践されるものである。

⑷ キャリア発達段階とキャリア発達課題

各学校段階で進路指導・キャリア教育を計画し、実践していく上で必ず考慮に入れなければならないのが、キャリア発達段階とキャリア発達課題である。

表1にあるように、キャリア発達段階は、小学校・中学校・高等学校と学校段階で設定されている。また、キャリア発達課題とは、各学校段階において、児童生徒が進路や職業の選択、あるいは将来職業人として備えておくべき資質・能力という観点から達成しておくべき課題を挙げたものである。

表1　小学校・中学校・高等学校におけるキャリア発達

小学校	中学校	高等学校
〈キャリア発達段階〉		
進路の探索・選択にかかる基盤形成の時期	現実的探索と暫定的選択の時期	現実的探索・試行と社会的移行準備の時期
自己及び他者への積極的関心の形成・発展	肯定的自己理解と自己有用感の獲得	自己理解の深化と自己受容
身のまわりの仕事や環境への関心・意欲の向上	興味・関心等に基づく勤労観、職業観の形成	選択基準としての勤労観、職業観の確立
夢や希望、憧れる自己イメージの獲得	進路計画の立案と暫定的選択	将来設計の立案と社会的移行の準備
勤労を重んじ目標に向かって努力する態度の形成	生き方や進路に関する現実的探索	進路の現実吟味と試行的参加

出典：文部科学省（2006）

2 | キャリア教育・進路指導で育成すべき能力

(1) 4領域8能力 (国立教育政策研究所, 2002)

国立教育政策研究所 (2002) が公表した「職業観・勤労観を育む学習プログラムの枠組み (例) —職業的 (進路) 発達にかかわる諸能力の育成の視点から—」によれば、次の四つの能力領域と八つの能力がある。

① 人間関係形成能力

これは、「他者の個性を尊重し、自己の個性を発揮しながら、様々な人々とコミュニケーションを図り、協力・共同してものごとに取り組む」ことのできる能力であり、これには「自他の理解能力」と「コミュニケーション能力」がある。

② 情報活用能力

これは、「学ぶこと・働くことの意義や役割及びその多様性を理解し、幅広く情報を活用して、自己の進路や生き方の選択に生かす」ことのできる能力であり、これには「情報収集・探索能力」と「職業理解能力」とがある。

③ 将来設計能力

これは、「夢や希望を持って将来の生き方や生活を考え、社会の現実を踏まえながら、前向きに自己の将来を設計する」ことのできる能力である。これには、「役割把握・認識能力」と「計画実行能力」がある。

④ 意思決定能力

これは、「自らの意志と責任でよりよい選択・決定を行うとともに、その過程での課題や葛藤に積極的に取り組み克服する」ことのできる能力である。これには、「選択能力」と「課題解決能力」とがある。

(2) 基礎的・汎用的能力

中央教育審議会 (2011) によれば、「仕事に就くこと」に焦点を当て、職種等にかかわらず社会的・職業的自立のために必要な基盤となる能力を整理して次の四つの能力を提示した。これらは「基礎的・汎用的能力」と呼ばれる。その答申では各能力を次のように説明している (上記答申の Pp.25-26 より抜粋)。

① 人間関係形成・社会形成能力

これは、「多様な他者の考えや立場を理解し、相手の意見を聴いて自分の考えを正確に伝えることができるとともに、自分の置かれている状況を受け止め、役割を果たしつつ他者と協力・協働して社会に参画し、今後の社会を積極的に形成することができる力」と説明されてい

る。

　具体的には、他者に働きかける力、コミュニケーション・スキル、チームワーク、リーダーシップ等を挙げている。

②　自己理解・自己管理能力

　これは、「自分が『できること』『意義を感じること』『したいこと』について、社会との相互関係を保ちつつ、今後の自分自身の可能性を含めた肯定的な理解に基づき主体的に行動すると同時に、自らの思考や感情を律し、かつ、今後の成長のために進んで学ぼうとする力」であり、「この能力は、子どもや若者の自信や自己肯定感の低さが指摘される中、『やればできる』と考えて行動できる力」と解説している。

　例として、前向きに考える力、自己の動機付け、忍耐力、ストレスマネジメント、主体的行動等を挙げている。

③　課題対応能力

　これは、「仕事をする上での様々な課題を発見・分析し、適切な計画を立ててその課題を処理し、解決することができる力」といえる。また、「従来の考え方や方法にとらわれずに物事を前に進めていくために必要な力」でもある。

　例えば、これには情報の理解・選択・処理等、本質の理解、原因の追究、課題発見、計画立案、実行力、評価・改善等がある。

④　キャリアプランニング能力

　これは、「『働くこと』の意義を理解し、自らが果たすべき様々な立場や役割との関連を踏まえて『働くこと』を位置付け、多様な生き方に関する様々な情報を適切に取捨選択・活用しながら、自ら主体的に判断してキャリアを形成していく力」であるとともに、「社会人・職業人として生活していくために生涯にわたって必要となる能力」でもある。

　例としては、学ぶこと・働くことの意義や役割の理解、多様性の理解、将来設計、選択、行動と改善等がある。

3 | キャリア教育・進路指導の諸活動

　第1節で言及したが、キャリア教育・進路指導には以下の六つの活動がある。ここでは、それらについて、簡単な説明を加えたい。

(1)　個人理解（生徒理解・自己理解）を深める活動

　教師は、観察法や面接法、検査法、調査法などの方法を用いて、児童生徒の個人に関する様々な資料（データ）を豊富に収集することを通して、個々人の能力・適性等をできるだけ詳細に把握することが肝要である。同時に、生徒は将来の進路と関連付けながら自分自身に関する概念、つまり自己概念（self-concept）を明確にすることが重要である。

　ここで、自己概念とは、「『自分がどういう人間か、どういうことができ、どういうことができない人間か』（現実の自己）と『自分は将来どういう人間であり、世の中でどういう役割を果たす人間となりたいか』（理想の自己）について自分自身が描いている映像である」（藤本, 1991）と言われるように、自己に関するイメージ全体でもある。進路指導・キャリア教育を実践する上で、この「自己概念」の明確化を図る教育活動が必要不可欠である。

(2)　進路情報を収集・活用する活動

　ここでいう進路情報には、上級学校等の進学に関わる情報だけでなく、「職業」に関する様々な情報も含まれていることを忘れてはならない。

　まず進学の情報収集には、学校案内のパンフレットや雑誌だけでなく、インターネットを活用する場合が多い。また、オープンキャンパス等の機会を利用して直接知りたい情報を収集することも可能であり、有効であると考える。

　職業に関する情報収集の方法として、インターネットを活用するのも大切であるが、実際にその職業について働いている人が身近にいる場合には、その職業人にインタビューをするなどして、最新の情報を収集することもあり得る。

(3)　啓発的経験を得させる活動

　生徒が様々な経験を通して、自己の能力・適性等を吟味したり、新しい自分を発見したりすることがある。したがって、生徒に将来の進路等と関連付けながら、いろいろな経験をさせることは重要である。

　この啓発的経験の一環として中学校で最も多く実施されているのは、職場体験活動であろう。

職場体験活動の日数については学校間で違いがあるが、その日数にかかわらず必要なことは、事前指導と事後指導の充実である。事前指導においては、生徒に「働くことの意義」を十分に考えさせ、参加意欲を高める。事後指導においては、職場体験活動を単に振り返るだけでなく、将来の進路（職業）との関係の中から、自分自身がこれから取り組むべき課題を発見し、その課題達成に向けた動機付けも肝要である。

⑷　進路相談（キャリア・カウンセリング）を実施する活動

　生徒自身が抱える進路に関する諸問題の解決に向けて、教師が生徒の相談に応じることは、中3や高3など卒業年次生の場合は特に多い。それは生徒の問題を解決して進路先の選択決定へと導いていくために重要である。

　しかし、それだけに終始してはならない。なぜならば、生徒との進路相談を通して、「生徒のキャリア発達を促進する」という大きな意義が存在するからである。このキャリア発達を促進して、キャリア発達課題を達成させるためには、入学当初から卒業までの期間全般にわたって、進路相談を展開することが必要である。それを通して、社会的・職業的自立を図ることのできる若者へと成長していくことが可能となる。

⑸　進路先の選択・決定に関する活動

　最終的には、全ての生徒は在学中に卒業後の進路先を選択し、決定していくことになる。この選択決定は非常に重要であり、本人のみならず保護者や周囲の方々にとっても、大変大きな関心事である。しかし、そうだからといって、この指導・援助ばかりに偏ってしまっては、第1節で述べた「従来型の進路指導」に陥ってしまうことになる。そうではなくて、「本来の進路指導」を実践すべく、進路決定のための指導、つまり上述の⑴～⑷の活動を十分に行った上で、進路先の選択・決定へと導いていくことが肝要である。

⑹　卒業後の追指導（フォローアップ）に関する活動

　これは、卒業生が卒業後の進路先に適応できるように、そして進路先で進歩向上できるように何らかの方法で指導する活動である。例えば、卒業後の進路変更や中退という問題、あるいは就職している場合には早期離職という問題がある。このような問題を抱えた卒業生の中には、自分が信頼している出身校の先生に相談したいと考える場合も多いであろう。そういう要望に応えて、親身になって相談に乗ることは重要な追指導の一環である。その方法には、もちろん直接面談できればよいが、状況によってはメールやオンラインでのやり取りを通して行うこともある。

4 | キャリア教育・進路指導の実践の視点

　ここでは、平成 29（2017）年に告示された学習指導要領、2020 年 4 月までに文部科学省から各学校に実践が求められた「キャリア・パスポート」、GIGA スクール構想に基づく ICT の活用、2015 年に採択された持続可能な開発目標（SDGs）、選挙権や成年年齢の引き下げによる市民としての資質・能力（市民性）の育成、という五つの視点から、キャリア教育・進路指導をどのように実践すればよいか、述べる。

(1)　平成 29 年告示の学習指導要領の視点

　ここでは、平成 29 年に告示された学習指導要領とキャリア教育・進路指導の実践の関連について述べたい。

①　特別活動の視点

　本書に掲載した実践例は特別活動と総合的な学習の時間を想定している。その二つのうち、はじめに学習指導要領の特別活動に関わる事項とキャリア教育・進路指導の実践と関連及び実践を推進する上で留意する点について述べる。

●キャリア教育・進路指導の充実の要は「特別活動」

　中学校学習指導要領第 1 章「総則」第 4「生徒の発達の支援」1(3)には次の記載がある。

> (3)　生徒が、学ぶことと自己の将来とのつながりを見通しながら、社会的・職業的自立に向けて必要な基盤となる資質・能力を身に付けていくことができるよう、<u>特別活動を要としつつ各教科等の特質に応じて、キャリア教育の充実を図ること。その中で、生徒が自らの生き方を考え主体的に進路を選択することができるよう、学校の教育活動全体を通じ、組織的かつ計画的な進路指導を行うこと。</u>
>
> （文部科学省，2017，p.25。以下、下線部は筆者）

　下線部が示すように、キャリア教育・進路指導の充実の要は特別活動である。特別活動が要として機能するためには、一部の教科・領域ではなく、また、一部の教職員がイベント的に行うのではなく、管理職のリーダーシップによって、全教職員で、教育計画や指導計画に基づき進路指導を推進することが示されている。

　以下の中学校学習指導要領第 5 章「特別活動」第 1「目標」でも、特別活動がキャリア教育・進路指導における「要」と表現するにふさわしい重要な役割を担うことを示唆する文章がある。

> (3) 自主的、実践的な集団活動を通して身に付けたことを生かして、集団や社会における生活及び人間関係をよりよく形成するとともに、<u>人間としての生き方についての考えを深め、自己実現を図ろうとする態度を養う。</u>
>
> （文部科学省，2017，p.162）

　前回の学習指導要領にはなかった「自己実現」という言葉が入り、現在及び将来の自分の目標に向けてキャリアを形成していく態度を、特別活動を通して育成することが明確になったと言える。

　前回の小・中学校の学習指導要領ではキャリア教育という文言は入っていなかったが、今回の学習指導要領では小・中・高等学校、特別支援学校の全てでその文言が使用されている。小学校から高等学校（小学部から高等部）までの継続的なキャリア教育を、特別活動を要として実践することが期待されている。中学校においては学区の小学校の特別活動やキャリア教育の実践を把握することはもちろんのこと、目指す姿等を共有するなど小学校との連携を促進し、特別活動を要としながら、キャリア教育・進路指導を通して、育成したい資質・能力（基礎的・汎用的能力）を高めていくことが重要である。

●「学級活動2(3)　一人一人のキャリア形成と自己実現」の重要性

　学級活動の内容(3)の重要性を示すものとして、表記の変更が挙げられる。前回の中・高等学校の学習指導要領では「学業と進路」であったが、今回は「一人一人のキャリア形成と自己実現」に変更されている。「進路」という文言に変わって、より広い概念である「キャリア」という言葉が使われているのである。更に特別活動の学級活動2(3)（高等学校は「ホームルーム活動」）で、小・中・高全ての校種で「一人一人のキャリア形成と自己実現」が明記されたことは、特別活動の中の学級活動2(3)がキャリア教育・進路指導を実践していく上で大きな役割を担っていることを示している。特別活動において、特に学級活動2(3)を柱にキャリア教育・進路指導を実践することが重要である。

●「学級活動2(1)(2)、　生徒会活動、学校行事」も大いに関係

　特別活動におけるキャリア教育・進路指導の実践は学級活動2(3)のみで行えばよいのではない。「学級活動2(1)(2)、　生徒会活動、学校行事」に関する実践もキャリア教育・進路指導では重要である。

〔学級活動2(1)　学級や学校における生活づくりへの参画〕

　2内容(1)に関する実践として、学級生活を快適に送るために係や当番等の組織をつくる活動が考えられる。その後、つくられた組織の役割に応じた活動を通して、職業観・勤労観が育成されたり、キャリア発達（社会の中の自分の役割を果たしながら、自分らしい生き方を実現していく過程：中央教育審議会，2011）が促進されたりすると考えられる。本書において「学級の中に組織（係）をつくろう」（第1学年2）がこれに関わる実践となるが、この実践だけで職業観・勤労観等が育成されるわけではない。その後、係活動でのがんばりを教師が認めたり、生徒同士

が肯定的な評価を相互に送り合ったりすることで育成されるものである。学級活動2の(1)と(3)のつながりを意識することが、特別活動を要としたキャリア教育・進路指導を実践したことになる。

〔学級活動2(2)　日常の生活や学習への適応と自己の成長及び健康安全〕

　学級活動2(2)の内容は基礎的・汎用的能力の「人間関係形成・社会形成能力」「自己理解・自己管理能力」と関係が深い。内容の細項目の「ア　自他の個性の理解と尊重、よりよい人間関係の形成」は文言から、「自己理解」「人間関係形成」、「ウ　思春期の不安や悩みの解決、性的な発達への対応」「エ　心身ともに健康で安全な生活態度や習慣の形成」は「自己管理」との関連が想像できる。本書でも、何編か実践を掲載しているが、この実践のみで適応するスキルが身に付いたり、基礎的・汎用的能力が高まったりするわけではない。例えば1週間程度そのスキルを意識するような取り組みを行ったり、重要スキルを使えていたか等を振り返ったりする機会が必要である。単発の実践に終わらせることなく、継続性のある実践にすることが真のキャリア教育・進路指導の実践と言える。

〔生徒会活動〕

　生徒会活動もキャリア教育・進路指導と関連が深い。生徒会活動の2内容「(1)　生徒会の組織づくりと生徒会活動の計画や運営」では、学級活動と同様に、中1〜3年生で構成される委員会等の組織による活動を通して、勤労観・職業観が育成されたり、キャリア発達が促進されたりすると考えられる。また、2内容「(2)　学校行事への協力」でも、体育祭などの学校行事では生徒会組織を基礎とした実行委員会が中心となって活動を進めることが多い。その中で各自が役割をもち、ある程度まとまった時間、活動することから、勤労観・職業観の育成やキャリア発達の促進が期待できる。2内容「(3)　ボランティア活動などの社会参画」に関しては、学区の清掃等を生徒会が主体となって、更には地域の人と一緒に活動している学校が見られる。このような活動は勤労観・職業観の育成につながると考えられる。また、地域の人々とのコミュニケーションを通して、「人間関係形成・社会形成能力」の高まりが期待される。

　このように生徒会活動はキャリア教育・進路指導の実践の要素を含んでいる。生徒会活動は学校という大きな単位で行われるが、3年生が中心となって行われることが多く、1・2年生には役割が与えられず、職業観・勤労観の育成やキャリア発達の促進につながらないことも懸念される。活動後の振り返りの際には、リーダーだけでなくフォロワーのがんばりにも目が向くよう配慮することも重要である。

〔学校行事〕

　学校行事の2内容「(5)　勤労生産・奉仕的行事」は文字どおり、勤労観・職業観の育成に関連する。職場体験活動はこの行事に位置付けられるが、勤労観・職業観の育成のみならず、四つの基礎的・汎用的能力全ての育成に関わるものである。また、「(5)　勤労生産・奉仕的行事」以外の「(1)　儀式的行事」「(2)　文化的行事」「(3)　健康安全・体育的行事」「(4)　旅行・集団宿泊的行事」においても、様々な役割分担が行われる。そこでも勤労観・職業観の育成やキャ

リア発達の促進が期待できる。

　学校行事は非日常性から大きな心の動きが生まれる。行事において、思うような結果を得られなくて（「体育祭でよい結果が得られなかった」「職場体験で自分が将来望む職業に就く自信を失った」など）、否定的な感情にとらわれる生徒も出てくることが予想される。このような感情を処理し、行事の経験を意味付けし、その後の日常生活に生かす方向に生徒の気持ちを向ける支援をすることも大切な視点となる。行事での体験がその後の日常生活につながらなければ、行事の意義が薄れてしまう。「体験あって学びなし」とならないよう、行事後の振り返りと教育相談を視野に入れたフォローも大切である。

②　総合的な学習の時間（以下、「総合」）の視点

●「総合」はキャリア教育・進路指導の充実の「要」と同等

　中学校学習指導要領第4章「総合」第1「目標」には次の記載がある。

> 　探究的な見方・考え方を働かせ、横断的・総合的な学習を行うことを通して、よりよく課題を解決し、<u>自己の生き方を考えていくための資質・能力</u>を次のとおり育成することを目指す。（中略）
>
> (3)　探究的な学習に主体的・協働的に取り組むとともに、互いのよさを生かしながら、<u>積極的に社会に参画しようとする態度</u>を養う。　　　　　（文部科学省，2017，p.159）

　2か所の下線部が示すように、「総合」もキャリア教育及び進路指導と大いに関連すると言える。自己の生き方を考えていくための資質・能力は、生徒が自身のキャリアを形成するための資質・能力と言い換えることもできる。積極的に社会に参画しようとする態度は、社会を形成する上で、前提となる力と考えられる。よって基礎的・汎用的能力である「人間関係形成・社会形成能力」との関連が深いと言える。「総合」の目標にキャリア教育・進路指導に関することが書かれているということは、「総合」もキャリア教育・進路指導の充実の大きな要素と言える。また中学校学習指導要領第4章「総合」第2「各学校において定める目標及び内容」3(5)では、「目標を実現するにふさわしい探究課題」の例として、「職業や自己の将来に関する課題」が挙げられていることも「要」と同等であるということを示唆している。

　国立教育政策研究所生徒指導・進路指導研究センター（2020）によると、2019年7～10月の調査で、キャリア教育の年間指導計画があると答えた学校の内容について問う質問項目「年間指導計画には以下の内容が含まれていますか。あてはまるものをすべて選んでください」の回答は、「キャリア教育にかかわる体験活動（職場体験活動やボランティア活動、上級学校見学（訪問・体験）等）」が91.5％で最も高く、次いで「総合的な学習の時間におけるキャリア教育」85.2％、「特別活動におけるキャリア教育」70.8％の順になっている。中学校学習指導要領では、「特別活動を要としつつ各教科等の特質に応じて、キャリア教育の充実を図ること」とされているが、年間指導計画に関する調査結果から、学校現場では「総合」もキャリア教育・進

路指導の要となっている実態がうかがえる。キャリア教育・進路指導の実践を行う上で「特別活動」と同等に要の役割を果たしている「総合」も「特別活動」同様に全校体制で組織的・計画的に実践することが重要である。

●「要」同等ゆえにカリキュラム・マネジメントが重要

中学校学習指導要領第1章「総則」第1「中学校教育の基本と教育課程の役割」4では、教育の目的や目標の実現に向けて、教科等横断的な視点等のカリキュラム・マネジメントの重要性を述べている。更に文部科学省（2022a）では、「『総合』におけるカリキュラム・マネジメントの充実について検討することは教育活動の質の向上、学習の効果の最大化を図る上で極めて重要である」と主張している。

教科には、教科固有の目標がある。教科・領域等における学びを基にしながら、「総合」で「課題の設定」「情報の収集」「整理・分析」「まとめ・表現」の学習過程を通して、自己の生き方に関わる探究的な学習を成立させることが、生徒一人一人のキャリア形成には重要である。学びを深めることができるか否かはカリキュラム・マネジメントにかかっていると言える。

⑵ キャリア・パスポートの視点

文部科学省（2011）は中学生のキャリア発達課題として「肯定的自己理解と自己有用感の獲得」「興味・関心等に基づく勤労観・職業観の形成」「進路計画の立案と暫定的選択」「生き方や進路に関する現実的探索」を挙げている。文部科学省（2019）や本書のようなワークシートをファイリングし、それを資料として、生徒と教師が一緒に生徒の成長の軌跡をたどったり、自己理解に関する記述を読んだりしながら面談することによって、上記に挙げた発達課題の促進につながると考える。

西岡（2003）は「日常的に二穴ファイルや紙挟みに資料をためておく状態」を「ワーキング・ポートフォリオ」と表現している。また、ワーキング・ポートフォリオを「編集し直して冊子にしたり、そこから長期的に保存する作品を選び取って別のファイルなどに入れたりした状態」を「パーマネント・ポートフォリオ」と表現している。本書のワークシートを西岡の表現しているワーキング・ポートフォリオとして、教育相談やカウンセリングの場面で活用してほしい。また、このワーキング・ポートフォリオを基に、文部科学省（2019）で例示されているキャリア・パスポートを作成したり、高等学校に引き継ぐキャリア・パスポートの中に入れたりすることもできる。この作業は西岡の言う「パーマネント・ポートフォリオ」を作成する作業に当たる。高等学校に引き継ぐワークシートを選ぶ作業は、生徒の生き方やキャリア形成を考える視点が表れると考えられる。作業途中もしくは作業後の振り返り等で、自分の成長を感じたことを教師と生徒個人もしくは集団で共有する機会を設ければ、それはキャリア・カウンセリングの実践であり、また特別活動の学級活動2⑶「一人一人のキャリア形成と自己実現」の実践とも言える。

⑶ ICT の視点

　GIGA スクール構想が推進され、1 人 1 台の情報端末が全員の生徒に与えられ、利活用が進んでいる。そうした状況の中、「他の学校・地域や海外との交流など今までできなかった学習活動の実施」（中央教育審議会, 2021）が進み、直に接することにはならないが、今までは簡単に交流することができなかった県外や海外の同年代の生徒たち、あるいは職業人や様々な役割を担っている人々とリアルタイムでコミュニケーションを図ることが可能となった。このことは新しい形のコミュニケーションの促進につながる。

　このような ICT 機器を使った交流やキャリアに関する学習は生徒のキャリアに関する見方・考え方を広げたり、深めたりすることが予想される。また、今まで容易に出会うことのできなかった職業人や役割を担う人と交流することによって、生徒の職業観・勤労観の深化につながることが予想される。

　また、授業においても直接対話することなく ICT を活用して意見交流をすることが増えている。座席近くの班（グループ）以外の生徒の意見を参照することも可能になっている。学級全体にわたる多くの生徒の意見を参考にすることができるので、生徒自身の生き方に関する考えを広くする可能性が高まると考えられる。

　ペーパーレス化が進んでいる現在、前述のキャリア・パスポートも紙媒体からデジタルデータとして保管する方向が今後検討される可能性もある。現在の社会情勢からキャリア教育・進路指導を行う上で、ICT の視点は外せない。

⑷　持続可能な開発目標（SDGs）の視点

　国連は 2030 年までの達成を目指す 17 の持続可能な開発目標（Sustainable Development Goals: SDGs）を掲げ、その一つとして「住み続けられるまちづくりを」等を挙げている（日本ユニセフ協会, 2022）。人口が大都市圏に集中する一方、過疎地域では人口減少から集落の機能を維持できない状況も生まれている。

　日本創成会議・人口減少問題検討分科会（2014）は 2010 年から 2040 年までの間に 20 〜 39 歳の女性人口が 5 割以下に減少する自治体を「消滅可能性都市」としている。同分科会ではこうした市町村が 8 割以上を占める県を五つ示している。また、増田（2014）は消滅可能性と持続可能性が対極にあることを示したが、現在の日本の状況を考えると SDGs の目標の一つである「住み続けられるまちづくりを」の達成は難しいと考えられる。

　政府は地方創生の目的を「東京圏への人口の過度の集中を是正し、それぞれの地域で住みよい環境を確保して、将来にわたって活力ある日本社会を維持すること」（政府広報オンライン）として、政府も地方も地域創生に関わる施策に取り組んでいる。

　どこで職を得て、居を構えるのかは本人の自由ではある。しかし、現在の地方の状況を鑑み

ると、大学進学や就職というキャリア形成の視点にSDGsの目標の一つである「住み続けられるまちづくりを」を入れることは重要である。「総合」等で、地域の一員として、自分たちの住んでいる地域のよさを学んだり、地域の改善点を自治体や地域関係者と共に考え、ときには解決のために一緒に活動してみたりすることは、「住み続けられるまちづくりを」の観点から自身のキャリアを意識し、キャリアプランニング能力の育成等につながると考えられる。

(5) 市民 (地域住民) 性の視点

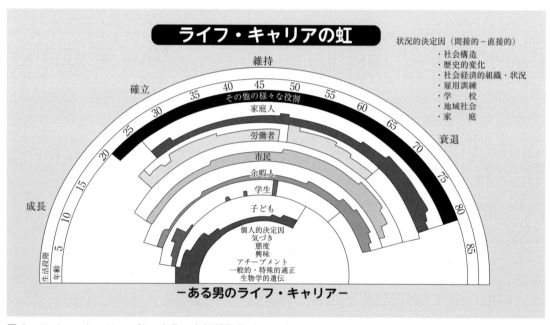

図1　ライフ・キャリアの虹　出典：文部科学省（2011）

　D. E. スーパーはライフ・キャリアの虹で「ある男のライフ・キャリア」として、「子ども」「学生」「余暇人」「市民」「労働者」「家庭人」「その他の様々な役割」と「年齢」「生活段階」の関係を表している。日本の中学校のキャリア教育では、「労働者」の役割について取り上げられることが多いが、他の役割について取り上げられることは少ない。胡（2021）は日本、米国、中国、韓国の4か国の高校生の社会参加に関する意識と実態の結果分析から、日本の高校生の特徴を「学校外の活動への参加経験が少ない」「趣味やアルバイトへの関心が高いが政策への意見表明や地域の交流活動への関心が低い」「社会問題を自分の生活に関わることとして捉えているが、政治や社会への参加意欲は低い」と捉えている。このことは日本の高校生の「社会参画意識」や基礎的・汎用的能力である「人間関係形成・社会形成能力」に課題があることを示している。日本の中学校において社会科、特別活動、「総合」等において、「市民」としての役割という観点からのキャリア教育を推進する必要があると考える。

「市民」は英語で 'citizen' であり、水山（2008）はシティズンシップ教育を「見識があって積極的な市民になるためにシティズンシップを獲得するプロセス、ならびにプロセスを支える総体」と述べている。2019 年に公職選挙法が改正され、選挙権が 18 歳以上に、そして 2022 年には成年年齢も同じく 18 歳以上に引き下げられた。このことから、より早期に市民性を高めることが求められている。この部分に関しては教科の目標で「平和で民主的な国家及び社会の形成者に必要な公民としての資質・能力」の育成を掲げる社会科や特別の教科道徳の「社会参画、公共の精神」等の内容項目を中心に行うことがまずもって重要と考える。更に市民性を高めるには、教科等横断的な視点からカリキュラム編成可能な「総合」で「地域や学校に応じた課題」として、「シティズンシップ教育＋キャリア教育」を展開することが必要である。このような教育を通して、市民また地域住民としてどう生きるか、中学生時点の考えをもってほしいと考える。

II

キャリア教育・進路指導の
ワークシート

第1学年の指導内容について

1 新しい中学校生活を知り、目標を設定する

　期待と不安を心に抱きながら中学校に入学して、新しい生活のスタートを切った1年生は、まずは小学校と違う中学校の生活を知ることが大切であろう。そして、中学校生活を送る上で自分のやりたいことなど、目標を設定することは重要なことである。本書のII章で最上級生として学校の中心となって活躍した6年生時のことを思い起こさせ、中学校生活を送るための自信やエネルギーを高めることに触れているが、その際に小学校から送られてきたキャリア・パスポートを利用することを勧める。がんばったことを思い出しやすくなり、中学校生活に対する意欲を高めることにつながるであろう。また、目標を設定できない生徒に対して、教師がキャリア・パスポートを一緒に見ながら、小学校時代のがんばりを認めながら具体的な助言をするとよい。

2 級友との人間関係づくりを支援する

　多くの場合、複数の小学校が中学校に接続している現状があるため、学級を見渡すと、知らない級友がいる状況が生まれる。そういう中で、新しい友達をどのようにつくったらいいのか分からず、どぎまぎしている生徒がいるかもしれない。比較的友達づくりの苦手な生徒たちは年々増加していると思われる。そのような場合には、学級活動の時間などを利用して、友達づくりのきっかけを教師からつくってほしい。また、人の話の聴き方や人への質問の仕方など、コミュニケーションスキルが身に付いていない生徒も多くいると思われる。それができないとよい人間関係もつくれない。早めにそのようなスキルを身に付けさせるよう時間を設け、友達づくりを支援したい。この時期に友達づくりがうまくいかないと、その後の学校生活によくない影響を及ぼすことがある。ぜひとも時間をかけて、じっくりと取り組んでほしい。

3 自己理解の機会をつくる

　中学生は自我に目覚める時期でもあり、自分自身をもっと知ろうとする中で、他者（友達）

のことが非常に気になる。こういう時期だからこそ、相互に個性の違いに気付き、それを互いに認めることの大切さを認識させたい。それと同時に、他者との比較によってだけではなく、自分自身の中での成長をも視野に入れて、自分の長所や興味・関心、特技などの特徴を改めて知ることが重要である。すなわち、自分自身を知ることの重要性と自己理解の方法を理解させることである。文部科学省（2006）では中学生のキャリア発達課題の一つとして「肯定的自己理解と自己有用感の獲得」を挙げている。そのためには日常生活や学校行事等における振り返りの場で、互いのよさを見付ける活動を行うことも重要である。

4 勤労観と職業観の基礎を培う

新しい学級では目指す学級像や目的に基づき組織（係）をつくり、役割を担うこととなる。その役割に応じた活動をし、教師や同じ学級の仲間から認められることを通して、働くことの意義を理解する。生徒の基本的な活動単位としての学級の係活動を活性化することは勤労観の形成によい影響を及ぼす。係とその役割を決めた後の活動の活性化と振り返りの場の設定が勤労観の形成のポイントとなる。

職業観の基礎の形成として、まず身近な人々の職業に目を向けさせ、その多様性に気付かせることが必要である。今まで何気なく見ていた周囲の大人たちの仕事（職業）にはどのような意味があるのか、どうしてその仕事をするのか、なぜ人は働くのか、などをしっかりと把握する。それとともに、一人一人違った、多様な生き方（生活の仕方）があり、仕事（働くこと）に対してもいろいろな考え方があるのだ、ということを学習することは重要である。

5 将来の希望を達成するための自分の課題を明らかする

2年生に進級する前に、中学校卒業後の自分を想像し、どのような自分でありたいか、その夢や希望をふくらませる。その夢や希望を達成するためには、自分自身はこれからどのようなことに取り組んでいかなければならないか、課題を明らかにする。また、その課題を克服するためのおおよその計画を立てることも必要であろう。しかし、計画倒れに終わらせてはいけない。キャリアや進路学習のポートフォリオやキャリア・パスポートに保管し、2年生になった後も機会あるごとに見返して、課題が少しずつ解決されているか、生徒自身や教師・保護者等と確認することも大切である。また、つくった計画は2年生時に新たに計画を作成するときは参考資料としてもよい。

なお、本書では第1学年に「人間関係」に関する実践例を多く掲載した。「人間関係形成・社会形成能力」はキャリア教育において育成すべき基礎的・汎用的能力の一つでもあり、重要な能力と位置付けられている。したがって、本書においては、特に「人間関係」に関わる能力をキャリア教育の重要な一環として早期に育成するために指導項目の内容にそれを含めた。

1 ●目標設定 特別活動／1時間
中学校生活の抱負を語ろう

1 指導のねらい

　中学校に入学して数日を過ごした1年生が、中学校の印象を語り合い、希望や不安を共有してその後の中学校生活に前向きに取り組めるようにするための活動である。

　中学校で数日を過ごした1年生は、安堵や自信、驚きや不安など様々な気持ちが交錯しているであろう。1人で立てた目標は自分の殻を破れない。友達と語り合うことで、友達の考えを参考にしながら、より前向きな、より高い目標を設定できるようにすることがねらいである。

2 指導方法

　中学校に入学して数日間を過ごした感想を率直に記入させ、中学校の印象やこれからの中学校生活への希望や不安を気軽に語り合えるようにする。

① 　目標を立てることの意義を説明し、ワークシートの3まで記入させる。

② 　ワークシートの1と2について、班単位で発表し合う。

　・互いを知るための活動なので、時間をかけない。

③ 　ワークシートの3について発表し合い、ホワイトボードに記入して視覚化する。

　・似た内容を近くに書くなど、まとめ方を工夫する（情報端末のツールで共有してもよい）。

④ 　③で出された内容を参考にして、ワークシートの4で「目標」を考えさせる。

⑤ 　各自が立てた目標を共有する。

　・ペア、班、学級全体など、共有の範囲を状況に応じて設定する。

3 指導のポイント

・最上級生として学校の中心となって活躍した小学校6年生時のことを思い起こさせ、中学校生活を送るための自信やエネルギーを高めたい（小学校時のキャリア・パスポートを活用してもよい）。

・数日間の中学校生活で感じたことを自由に話し合わせることで、驚きや不安などを共有させ、孤独感や不安感などを軽減させたい。

・ホワイトボード等を使って視覚化することで、互いが思っていることを分かりやすく示す。

・1人で目標を立てることができない場合もあるので、友達の思いや考えを聞くことで、目標づくりのヒントとなるようにしたい。

・授業内での共有、学級だよりへの掲載など、それぞれの思いを保護者も含めて共有したい。

中学校生活の目標を立てよう

年　　　組　氏名

　中学校に入学して何日かが過ぎましたね。友達はできましたか？　先輩は優しいですか？勉強は分かりますか？　中学校は小学校のときに思い描いていたイメージと比べてどうですか？　ここでは、小学校との違いをもとに新しい中学校生活の目標を立てましょう！

1　みなさんは小学校で最上級生として学校を引っ張ってきました。そのときを思い出してみてください。あなたは小学校でどんなことを一番がんばってきましたか？

2　中学校に入学して驚いたことや「小学校と違うなあ」と感じたことはありませんか？

3　数日間を中学校で過ごした中で、「これならできる」「こんなことをがんばりたい」と思うことを書いてみましょう！

↓

4　これからの中学校生活の目標を立てましょう！（「こんなことをがんばりたい！」「こんな力を付けるぞ！」「3年後にはこんな人になっていたい！」など）

2

●勤労観・職業観　特別活動／1時間

学級の中に組織（係）をつくろう

1 指導のねらい

・学級生活が快適になるためには役割分担が必要だということを理解することができる。

・「どのような仕事をすれば学級が快適になるのか」を考えることができる。

・「どのような組織（係）をつくれば役割分担はうまくいくのか」を考えることができる。

2 指導方法

① 学級の快適なイメージを考えさせる。

　(1) 「自分や仲間が学級生活を快適に送っている様子」をイメージし、ワークシートの1に記入する。

　(2) イメージを班内で発表する。その後、班の代表はイメージを学級全体に発表する。

② 快適な学級をつくるにはどんな仕事をすればよいのかを考える。

　(1) 快適な状態をつくるにはどんな仕事をすればよいのか、ワークシートの2に記入する。

　(2) 考えた仕事を班の人にそれぞれ発表し合う。

　(3) 各自の発表を生かし、自分たちの班が考えた仕事を代表が全体に発表する。

③ 仕事を確実に行うにはどうしたらよいのか考えさせる。

　・組織（係）の必要性、役割分担の明確化について補足する。

④ 仕事はどの係が分担すればよいのかを具体的に考えさせる。

　(1) 仕事分担を考え、ワークシートの3に記入する。

　(2) 考えた仕事分担と係名を班内に発表する。

　(3) 各自の発表を生かし、自分たちの班が考えた仕事分担と係名を代表が全体に発表する。

⑤ 学級の組織（係）がどのように決まるのか、教師が手順を示す。

　・全員のワークシートを生かし、班長会で原案を作成して、再び学級会で審議することを話す。

3 指導のポイント

・ワークシートの具体例（見本）を教師が作成し、生徒がシートを作成しやすいようにする。

・各自が作成したワークシートは、班長会等で組織の原案を再吟味するのに使用する。

・班での意見交流の代わりに、情報端末を使い、学級全体で意見交流をしてもよい。

学級の中に組織（係）をつくろう

年　　　組　　氏名

1　○○だったらクラスは快適

　クラスがこんな感じ、こんな様子だったら「過ごしやすいなあ」ということをできるだけたくさん書いてください（例：きれいな学級だったら）。

2　○○するには□□すればいい！（仕事の内容を書こう）

┌─ ○○するには ─┐

➡

┌─ ○○するには ─┐

➡

3　□□するにはこの係（係名を考えよう）

➡
　　　　　　　　　係

➡
　　　　　　　　　係

3 新しい友達をつくろう

●人間関係 特別活動／2時間

1 指導のねらい

自分を紹介する名刺をつくり、それを学級全員と交換する活動を通して、学級の仲間のことを知るとともに、互いに触れ合う楽しさを感じ取らせ、新しい人間関係の中で友達同士の交流を広げていこうとする態度を育てる。

2 指導方法

① 大型モニターに何枚かの名刺を映し、互いを知るために名刺交換が行われていることを紹介する。

② 本時のねらいを説明する。名刺の作成に当たっては、それぞれの項目について例を挙げて説明し、イメージをもたせる。特に自分らしさを表すキャッチフレーズについては、十分に考えさせる。名刺は情報端末等のアプリを使って作成してもよい。名刺の作成に1時間程度費やす。

③ 学級の人数分の名刺を用意する。名刺交換に入る前に、仲よくなるためにはただ渡すだけでなく、どんなことをしたらよいと思うか意見を出させる。出た意見の中から、自分がやってみようと思うことをワークシートに書かせる。

・例：笑顔で「～です。よろしく」と言う。握手をする。挨拶をする。 等

④ 名刺交換後、やってみて嬉しかったことや気付いたことを書かせ、発表させる。

⑤ これからどんなふうに学級の仲間と関わっていきたいかを書かせ、まとめとする。

3 指導のポイント

・名刺を知らなかったり見たことがなかったりする生徒もいることから、いろいろな名刺を用意し、それを提示することで十分にイメージをもたせる。特に企業等のキャッチフレーズが入った名刺を見せることで、自分らしさを表すキャッチフレーズがつくりやすくなる。

・名刺の作成によって自分のよさや考えていることを確認でき、自己理解にもつながる。

・ワークシートは名刺の下書きにして、別に色紙や名刺用の紙を用意してもよい。また、情報端末を使って作成してもよい。作成には1時間程度を費やし、次時までに印刷などによって学級の人数分の名刺を用意しておく。

・互いに仲よくなるための名刺交換であることを確認し、そのためにはどうすればよいかを生徒に考えさせ、自分でできそうなことを実行させる。

・嬉しかったことや新たな気付きを全体で共有し、関わりの意欲と態度につなげていく。

新しい友達をつくろう

年　　　組　　氏名

1　自分を紹介する名刺をつくりましょう。
　次の①〜⑤の項目を入れて、自由にデザインしましょう。
〔入れる項目〕
①　自分が大切にしていることやよさ、がんばりたいことなど、自分らしさを表すキャッチフレーズ（例：「笑顔とともに」「元気に楽しく」「スポーツ大好き」）
②　自分の名前と学年、学級
③　部活動、趣味・特技、好きなこと、意外な自分など
④　イラスト、好きな言葉、文字、シンボルマークなど
⑤　学級のみんなへのメッセージ

2　学級の仲間全員と名刺交換をしましょう。仲よくなるためには、名刺交換のときにどんなことをしたらよいと思いますか？

3　名刺交換をして、うれしかったことや気づいたことを書きましょう。

4　これからどんなふうに学級の友達とかかわっていきたいですか？

4 上手な聴き方について学ぼう

●人間関係　特別活動／1時間

1 指導のねらい

・学級生活を快適にするためには望ましい人間関係の構築が必要であることを認識できる。
・「話し上手より聴き上手に」で、望ましい人間関係の構築に全員参加できると考える。
・話者に嫌な思いをさせないように、相手から発展的な情報を引き出せるかを考える。

2 指導方法

① 「傾聴」と「繰り返し」について次の項目を口頭で説明する。

　・人の話を聴くときは、自分の口はしっかり閉じる。

　・発表者から目をそらさないで聴く。

　・印象的な言葉を繰り返したり、相づちを打ったりしながら聴く。

　・自分の考えとどこが違うか、必要に応じてメモを取りながら聴く（ワークシートの1）。

② 「傾聴」と「繰り返し」について学ぶ。2人1組になり、一方が「○○は□□だと思います」と言い、他方がそれに対してワークシートの2の(1)～(4)の方法で対応する。

　・例：(4) 「なぜ？」を2～3回繰り返して

　　　　「私は○○は□□だと思います」→「それはなぜですか？」

　　　　「それは～だからです」→「それはなぜですか？」

③「私もそう思うよ」活動（ワークシートの3）

　(1) 5人1組となり、Aチーム（あ～お）とBチーム（a～e）の5対5で向かい合う。

　(2) A組の「あ」の生徒とB組の「a」の生徒がペアになり、じゃんけんをする。

　(3) 勝った生徒が、何でもいいので何か一文を言う。それに対して負けた相手が「私もそう思うよ。うんうん。だって、△△だもんね」とうなずきながら理由を添えて言う。

　(4) 同様に「お」と「e」までリレーしていく。ただし、前の人の発言を繰り返してはいけない。理由も考えて、全面的に支持的な態度を示し、相手に嫌な思いをさせないような聴き方（反応）を考える。

3 指導のポイント

・生徒が提供する内容はプライバシーに深入りしないように配慮する。
・ペアワークで「視線を合わせず、返事もしない」態度で相手の話を聴かせるのは、時間を区切り、長引かせない。この活動はこの時間内だけのこととする。

上手な聴き方について学ぼう

年　　　組　　　氏名

1　「傾聴と繰り返し」の説明を聴いて、思ったことを一言書きましょう。

2　ペアになって、さまざまな聴き方が与える「感じ」を書きましょう。

聞く態度	そこから受ける「感じ」
(1)　視線を合わせず、返事もしない	
(2)　うなずきながら、視線を合わせて	
(3)　印象的な言葉を繰り返して	
(4)「なぜ?」を2〜3回繰り返して	

3　グループ活動「私もそう思うよ」のそれぞれの要点を書き取りましょう。

　　じゃんけんの勝者は「私は○○は□□だと思います」と相手に伝える。敗者は「私もそう思うよ。うんうん。だって、△△だもんね」と、うなずきながら理由を添えて言う。

チームA	チームB
あ	a
い	b
う	c
え	d
お	e

4　振り返り

(1)　今日の授業を振り返って、自分のためになったことを自由に書いてみましょう。

(2)　自分を励ます一言をどうぞ。

5 ●人間関係 特別活動／1時間
上手な質問の仕方について学ぼう

1 指導のねらい

　望ましい人間関係の構築のため、友達の話に黙って相づちを打ったり、またはキーワードを繰り返したり、あるいは同じ行動を追随したりすることが行動心理学上有効らしいが、ここでは、友達の話を聞いて質問するスキルを実践を通して学ばせる。しかし、ここでいう「質問するスキル」は、「警察官が容疑者に対して取り調べをする」というような詰問術ではない。「野球の試合の後、アナウンサーがお立ち台に上がる選手にする『ヒーローインタビュー』」の術をイメージしている。

　つまり、「上手な質問」とは情報を要領よく得るためだけの質問ではなく、話者がとてもいい気分になり、「今後もその方向でがんばろう」と思わせるような質問のことである。

2 指導方法

① 　最初は質問する側に何も敵意がないことを分かってもらう段階を指導する。
② 　ペアになり、スピーチのテーマを決めさせる。
③ 　1分間スピーチをする。聴き手はメモを取りながら聞く。
④ 　聴き手は「質問①」で、相手の話を広げさせる。スピーチの内容に関して否定的なことを言わないよう指導する。
⑤ 　聴き手は「質問②」で、相手の話を深めさせる。
⑥ 　最終的には話ができた時間がお互いにとって有意義だったことを確認する。

3 指導のポイント

・相手が無口のとき：身近で個人的で簡単な内容について5W1Hで質問する。
　「ラーメンが好きだと聞きましたが、うまいラーメンの条件って何ですか？」
・創造的な考えを引き出したいとき：肯定的かつ仮定的な質問をする。
　「もし英語が完璧に話せたら、あなたは何をしたいですか？」
・気付きを引き出したいとき：省略したところ、曖昧な言葉、判断基準を質問する。
　「柔軟な対応が大切なのは分かるけど、例えばどういうことですか？」
・相手の本音を聞きたいとき：質問者の自己開示、本音を出して質問する。
　「ぼくとしては～と思うんだけど、あなたの意見はどうでしょうか？」

上手な質問の仕方について学ぼう

年　　　組　　氏名

1　相手の発話を促す質問（ペア活動）

〔**スピーチテーマ**〕友達が選んだテーマに◎、自分のテーマには○をつけましょう。
・勉強方法　・お小遣いの使い方　・部屋の整理整頓　・私の長所　・友達関係
・社会貢献／ボランティア　・趣味、特技　・健康　・将来の夢　・私のペット

〔**スピーチの内容**〕相手のスピーチを聴きながら内容をメモしましょう。

〔**質問①**〕質問をして相手の話を広げましょう。
「私もそう思います。そこで一つ、○○についてもっと教えてください」

〔**質問②**〕質問をして相手の話を深めましょう。
「なるほど。どうすればそれが可能になるでしょうか？　私の立場ではどうすればいいか助言をください」

〔**まとめ**〕終わりの言葉
「ありがとうございました。おかげで私も意欲がわいてきました」

2　振り返り

(1)　今日の授業を振り返って、自分のためになったことを自由に書いてみましょう。

(2)　自分を励ます一言をどうぞ。

●人間関係 〔特別活動／1時間〕

6 やさしい頼み方、上手な断り方について学ぼう

1 指導のねらい

　具体的な場面において自分の気持ちや思いを伝える体験を通して、相手の気持ちに配慮しながら自分の要求を伝えることの大切さに気付かせるとともに、そのスキルを身に付けさせる。

2 指導方法

① 導入で「お願いしたいことがあるけれど頼めなかった経験」や「断りたかったけれど相手の依頼を断れなかった経験」をグループで出し合うことで、本時の活動への関心を高める。

② ワークシートを配付し、「場面1」の状況を学級全体で共有する。

③ 「場面1」で自分が愛子ならこの後美雪に何と言うかを考えさせ、ワークシートに書かせる。

④ グループの中で2人組をつくり、実際にロールプレイを行う。グループの他のメンバーはその様子を見て、終わった後によかった点や気付いたことを伝える。これを繰り返す。

⑤ 「場面2」の状況を学級全体で共有した後、自分が明ならこの後健一に何と言うかを考えさせ、ワークシートに書かせる。

⑥ ④と同様に行う。

⑦ グループの中で最もよかった頼み方と断り方を生徒に選出させ、全体の前でロールプレイを行う。

⑧ 今日の学習で考えたことや学んだことをワークシートに書かせる。

3 指導のポイント

・相手に何かを頼むことや、相手から頼まれたことを断ることの難しさに共感させながらも、相手の気持ちに配慮しながら自分の思いを伝えることができるようにさせたい。

・ロールプレイで役割演技をさせることで、相手に伝えるときの言い方や表情も大切であることに気付かせ、それを意識した言動ができるようにする。

・ロールプレイ後に気付いたことを述べ合う中で、よりよい頼み方や断り方について考えを深めることができるようにする。時間があれば⑦の活動の後にも行うようにする。

・終末では、今日の学習で考えたことや学んだことを生かして、ワークシートの1で出した自分の経験についてどのようにすればよかったかを書かせてもよい。

・頼み方や断り方の記述は情報端末のツールを使って意見交流してもよい。

こんなとき、私はこう言う！

年　　　組　　氏名

1　①お願いしたいことがあるけれど頼めなかった経験、②相手から頼まれたことを断りたかったけれど断れなかった経験、を出し合いましょう。

2　次の場面であなたならどう言いますか？

〔**場面 1**〕今日から定期テスト前の部活動休止期間。愛子は風邪のため先週 1 週間欠席した。その間の勉強を友人の美雪に教えてもらいたいと思っている。
愛子「あのね、美雪。お願いがあるんだけど……」
美雪「お願いって何？　私、早く帰ってワークやらないと。今回何もしてないんだ」
愛子「　　　　　　　　　　　　　　　　　　　　　　　　　　　　　　　　　　」

●あなたが愛子なら、この後美雪にどう言いますか？

〔**場面 2**〕明が寝ようとしていると、友人の健一からオンラインゲームの誘いが入った。もうこれで 3 日連続である。明は寝不足が続いているため、断りたい。しかし、健一は学級の中でも存在感が大きい。ここで断ると、明日から健一たちのグループに入れてもらえないかもしれない。

●あなたが明なら、この後健一にどう言いますか？

3　今日の学習で考えたことや学んだことを書きましょう。

7 ●人間関係 特別活動／1時間
人間関係上のトラブルを解決しよう

1 指導のねらい

短所を長所として捉えるなど、見方を変えること（リフレーミング）や自分にも他者にも配慮したやり方（アサーション）を理解し、使おうとする意欲をもたせる。

2 指導方法

① リフレーミング

(1) 例を説明し、ワークシートの1に記入させる。

(2) 何人かに発表させ、その後教師なりの答えを発表し、解説する。

(3) 教師の中学生時代のトラブル（友達を誤解して人間関係を損ねた経験等）を生徒に開示し、見方を変えていいほうに解釈したらどうなるか考えさせ、ワークシートの2に記入させる。

(4) 見方を変えることのよさを再確認させる（教師が説明する）。

② アサーション

(1) ワークシートの3の「レッスン1」の答えを各自で考える。

(2) 教師が「攻撃的」と「非主張的」な表現を例示し、二つの問題点を説明する。その後、「アサーティブ」な表現の例示を行い、そのほうが人間関係を長続きさせることを説明する。

(3) 「レッスン2」の答え（アサーティブな表現）を各自で考えさせる。

(4) 教師は数名に発表させ、その後、模範表現を解説する。

③ 授業の確認

(1) リフレーミングによってトラブルが減る可能性が高くなることを再確認する。

(2) アサーションによって、互いを大切にし合ったという気持ちが残ることを再確認する。

3 指導のポイント

・ワークシートの1は情報端末で全員の意見を交流させるとよい。

・アサーション・トレーニングについて、教師が十分理解しておく。

人間関係上のトラブルを解決しよう

年　　　組　　氏名

1　もしかして、これって長所？（次の言葉を長所に変えましょう）

（例）優柔不断→（　慎重　　　　　　　　　　　　　　　　）

(1) 文句が多い→（　　　　　　　　　　　　　　　　　　　）

(2) 無鉄砲→（　　　　　　　　　　　　　　　　　　　　　）

2　見方を変えれば……

先生のトラブルの体験の見方を変えてみましょう。

3　アサーティブな表現を使おう！

レッスン1

修学旅行で集合時間まで後わずかとなったとき、A男は絶叫系アトラクションを提案。しかし、B男は絶叫系は大の苦手。なんとかして、別のアトラクションに乗りたい。

そんなB男にアドバイス (^_^)

レッスン2

C子と一緒に買い物に行くことになったD子。C子は仲よしの印としておそろいのキャラクターのものを買おうと提案。しかし、自分は別のキャラクターを買いたい。二つのキャラクターを買うお金はない。

そんなD子にアドバイス (^_^)

8 「私の天職」を知ろう

●自己理解 | 特別活動 or 総合的な学習の時間／１時間

1 指導のねらい

　小学校を卒業し、中学１年生になったばかりの段階では、学校生活に慣れるのに精いっぱいで、将来の進路に対しても具体的なイメージは湧きにくい。「将来への夢」として、漠然とした段階である。

　しかし、中学校生活が進んでくると、級友、先輩、教師、他校生、異性等、今までにはなかった交流の中で自分が存在していることに気付く。自分自身がどのような特性の持ち主か、また、他者は自分のことをどのように思っているのかを照らし合わせ、「天職」という観点で自分の存在を見つめ直す機会にしたい。

　また、身近にいる他者の特性を見付け出そうとすることで、今まで気が付かなかった他者のよさに気が付くきっかけにしたい。更に、それぞれ出た結果は人それぞれの個性（十人十色）として受け止めることのできる心をもたせたい。

2 指導方法

① 　形態は班などの小グループで行う。学校行事などを経験し、互いの性格や特性を理解し始めた時期に行う。実態に応じて、互いの本音を出せるような形態で行う。

② 　ワークシートは上下に切り離し、上半分は自分、下半分は他者が書き、最終的に記入された「天職」及び自分の特性、長所を知り、自分が考えている自分と他者が見た自分とを比較する。

③ 　「天職」の場面では、単に「サラリーマン」「公務員」等の大きな職種ではなく、事前に職業学習などで多様な職種を知り、夢の広がる職種を記入するように促す。

3 指導のポイント

・自分が考えていた自分のよさと、他者から見た自分のよさとの差異を感じ取り、感じたことを小グループで発表し合う材料にし、新たな価値観の発見を促す。

・最終的に一つのワークシートにしたものを教室や廊下等に掲示して、それぞれの個性や特性を全体で共有し、互いの個性を認める環境をつくる。

・職場体験の事前学習などの導入として行うと、職業学習への意欲・関心を高められる。

・本時終了後は、感じたこと、気付いたことを振り返る場面をもち、実際の学校生活でどのように生かせばよいのか、現実の生活と結び付ける。

十人十色（私の天職って何？）

年　　組　氏名

私の長所は

_____

です。

私は

_____

することが好きです。

私の天職は

_____

──── キリトリ ────

_____

〔名前　　　　　　　〕　　あなたの天職は

あなたのすばらしいところは

_____

と思います。

あなたの

_____

が魅力的です。

9 ●自己理解、人間関係 特別活動／1時間
自己理解の仕方について学ぼう

1 指導のねらい

　望ましい人間関係の構築のために、相手よりまず自分自身が前向き、ポジティブになることが大切である。そのためには、どうしても自己をよりよく理解する必要がある。

　中学生のみならず、失敗して落ち込むことは誰にでもある。重要なのは、そこから何を学習し、その後の生活にどう生かすかである。したがって、ここでのねらいは、「自分は短気なところがダメです」と自覚することなどではない。また、「ダメ」と決め付けることもない。短所を自覚した後、それをよい面から捉え直させたい。更に、どうすれば自分のありのままで集団の中での役割を果たせるのか、自分個人の自己実現が図られるかまで意識させたい。

2 指導方法

① 自己理解に向けて

　　自己理解の指導段階として「自己認識」→「自己肯定」→「他者認識」→「自己実現」の各要素を考え、人との関わりがあって初めて自分が認識されることを押さえたい。

② ワークシートの説明

　　自己認識に関するワークシートを説明する。あまり悩まず、思い付くままに書かせる。

③ 長所と短所について

　　短所についてはそれを悪いものと考えず、見方を変えればよい面でもあることを指導する。できればここで担任の自己開示などを加えて説得力をもたせたい。また、短所だとしても、場面によって出し方を変えればそのままでよい面でもあることを強調する。

3 指導のポイント

・「自己認識」の度合いは、客観的に数値で表し、レーダーチャート化できると視覚的に訴えられるので、分かりやすい。

・劣っている部分が必ずしも短所ではないと考えさせるよう配慮する。

・友達と話し合うことで自分が気付かなかった「自分」を発見できた場合は、たとえそれが本人にとって好ましくない性質でも受け止めるよう指導することが要点である。

・「他者認識」では、他者の見方・考え方を感情的に好き嫌いで受け止めるのではなく、他者の認識を知ることによって自分が認められ磨かれているという意識につなげたい。

自己理解の仕方について学ぼう

年　　　組　　　氏名

1　自己分析　〜自分を知るは真の進歩なり〜（ハンス・アンデルセン）

　　十人十色と言われるように、人にはそれぞれ長所と短所があります。「短所」も場所や出し方によっては長所です。自分の短所を、よい面としてとらえてみましょう。

仕事ぶり	学　　　級	（係）	（活動の様子）A　B　C
	生　徒　会	（係）	（活動の様子）A　B　C
	ク ラ ブ 活 動	（部）	（活動の様子）A　B　C
	家庭での特別な役割		

学習	（学習意欲） たいへん高い・高い あまりやる気がない	（学習態度） A　B　C	（学業成績） A　B　C
	（得意な教科）	（不得意な教科）	（特別な習い事）

性格	友人とのつきあい	
	長　　　所	
	短　　　所	

趣味・特技		そ の 他	

《自分の短所も長所として考え直してみましょう》（例：神経質→考え方や感じ方がこまやか）

2　振り返り

授業後、心に残ったこと	自分を励ます一言

10 ●勤労観・職業観 ［特別活動／2時間］
身近な職業と生活について考えよう

1 指導のねらい

　自分が調べたい職業について調べ、それをクイズにして紹介する活動を通して、自分の身近なところに様々な職業があり、それぞれの職業によって特色や違いがあることを理解させる。

2 指導方法

① 前時において、毎日の生活や地域の中にはどんな職業があるかをグループで出し合い、本時への関心を高めておく。

② ワークシートを配付し、学習の流れ（自分が調べたい職業について調べ学習を行い、調べたことをクイズにしてその職業を紹介する活動を行うこと）を理解させる。

③ 調べる方法（本や情報端末の活用、インタビューなど）について説明する。

④ 調べる項目は、例を参考に自分で考えて決めさせる。

⑤ 「この職業なあに？」のクイズは、調べたことから三つのヒントを出し、そこから職業名を当てるクイズであること、ヒントは最初は難しく、だんだん易しくしていくようにすることを、例を挙げて説明する。

　　例）第1ヒント：ここにいるほとんどの人がこの職業を知っています。

　　　　第2ヒント：最近では男の人も増えてきました。

　　　　第3ヒント：この仕事は一晩中起きていなければならないこともあります。

　　　　（ヒントを出すごとに「この職業なあに？」と聞き、最後に答え〔看護師〕を言う）

⑥ ワークシートに取り組ませる。 （1時間目）

⑦ クイズによる発表会を行う。クイズの後には、ワークシートの4に書いたことを発表させる。学級全員の発表を聞いて、ねらいに迫る手立てとする。 （2時間目）

3 指導のポイント

・時間を効率よく使うために、学習の流れについては前時に説明し、見通しをもたせておいてもよい。その際、自分が調べたい職業についてあらかじめ考えさせておくこともできる。

・探究の仕方を身に付ける点から、調べる方法や項目については自分で決めた方法や内容で学習を進めさせる。

・クイズは、情報端末のスライド機能や大型モニター等を使って提示することもできる。

・ワークシートの4を使って、個人の考えの変容を見取る。

この職業なあに？

年　　　組　　氏名

1　あなたが調べたい職業とその理由を書きましょう。

〔職業〕

〔理由〕

2　本や情報端末、インタビューなどを利用して調べてみましょう。

〔調べる項目の例〕　・働く場所　　・働く時間　　・どんな人を相手にするか
　　　　　　　　　　・仕事の特徴　・その仕事に就くために必要なこと　　など

調べる項目	わかったこと

3　調べたことをもとに、ヒントを三つ出してその職業を当てるクイズをつくりましょう。

第１ヒント：

第２ヒント：

第３ヒント：

4　調べる前と比べて、その職業に対して新しく知ったことや考えるようになったことは何ですか？

11 ●勤労観・職業観 総合的な学習の時間／2時間
働く人々の考え方や生き方を知ろう

1 指導のねらい

「人はどのような思いをもって日々働いているのか？」「働くとはどういうことなのか？」。

働くことの意味・意義、働く人々の思いについて考えるきっかけとするために、職業人への
インタビューを行う。自分の身の回りで日々働いている職業人（保護者や親戚、学校や塾の先生
など）にインタビューを行うことで、働くことを身近に感じられるようにする。

2 指導方法

インタビューを行う前に、自分たちなりの予想を立ててみる。「収入を得ること」は働く上
での重要な要素ではあるが、インタビューをしてみると「働く喜び」や「生きがい」につなが
る要素も大きいことに気付くであろう。身近な職業人の姿から、前向きな勤労観を育みたい。

① 「人はなぜ働くのか」を各自で考えさせ、いくつか発表させる。

② ワークシートを配付し、インタビューを行うこととその目的を説明する。

③ インタビューする項目からいくつかピックアップして、予想を立てさせる。

・「仕事に就いた理由・きっかけ」「よかったと思うこと」「大変なこと」など、「働く人々が
どのような思いで働いているか」に結び付く項目を選ぶ。

④ 「個人→班」で考え、ホワイトボードに記入して学級全体で共有する。 （1時間目）

⑤ 各自でインタビューしてきたワークシートを班内で交換し、読み合う。

⑥ 前時に予想した項目と最終項目の「人は何のために働くと思うか」について、インタビュ
ー結果をまとめる（班単位でホワイトボードに記入する）。

⑦ 上記⑥の結果を班ごとに発表し、学級全体で共有する。

⑧ 人は何のために働くのかについて自分の考えをまとめ、活動の振り返りを書く。

（2時間目）

3 指導のポイント

・生徒にとってなるべく身近な職業人にインタビューし、働くことを身近に感じられるように
する。

・活動を「個人→班→学級→個人」のサイクルで行うことで、個の考えを深めたい。

・まだ働いたことのない自分たちと職業人との思いや考え方の違いに気付かせることで、職業
人への畏敬の念や働くことへの前向きなイメージを高めたい。

職業人へのインタビュー

年　　　組　氏名

　中学生が「働くとはどういうことか」を知り、将来について考えるきっかけとするためのアンケートです。書ける範囲でけっこうですのでよろしくお願いします。

1　あなたがされている職業を教えてください。

2　それはどのようなお仕事ですか？（主に何を相手に、どんなことをする仕事ですか？）

3　なぜこのお仕事に就いたのですか？（選んだ理由、きっかけなど）

4　このお仕事に就いて「よかった」と思うことを教えてください（やりがい、喜びなど）。

5　逆に、このお仕事で「大変なこと、つらいこと」などを教えてください。

6　これからの夢や目標を教えてください（「こんなことをしたい」「こんな可能性がある」）。

7　この仕事をめざしている人に一言お願いします。

8　最後に、人は何のために働くと思いますか？　ご自由にお書きください。

アンケートへのご協力ありがとうございました。

12 ●課題解決 特別活動／1時間
進路計画を立てよう

1 指導のねらい

　将来の可能性は未知数である。進路は他人が決めるのではなく、自分自身がそれぞれの場面で選択して決まっていく。将来は自分の興味・関心や個性に合った職業に就くことが一番である。

　いよいよ中学校生活も中盤に差しかかる時期を迎える。現段階での将来の目標を立てて、その目標を実現するためにどのような中学校生活を送ればいいのか、具体的にできること等を考えさせながら進路計画を立案させたい。

2 指導方法

① 　最初にどんな職業に就きたいか、将来なりたい職業を想像させる。事前に職業学習を終えている段階で行うと、職種で迷わない。

② 　言葉だけでなく、20年後の将来を絵で表すことにより、より具体的なイメージをもたせる。

③ 　中学校を卒業する段階をスタートとし、最終的になりたい職業にたどり着くための具体的な進路先を考えながらワークシートに記入する。なるべく具体的な進路先まで書かせ、その選択理由についてもできるだけ詳細に書かせる。

④ 　自分の計画ができた段階で、日頃の会話の中から保護者の考えや願いを考えさせ、保護者の気持ちを再確認する。

⑤ 　進路選択を考える際の理由を振り返り、自分が進路を選択する際には何を大切に選んでいるのかを確認しながら「自分の進路を選択する際に大切にしたいこと」を記入させる。

⑥ 　将来の進路や職業に向けて、これからの中学校生活を充実させることが大切であることを伝える。

3 指導のポイント

・ワークシートは生徒がキャリア・パスポートを作成する際の資料として活用する。

・ワークシートを資料として、キャリア・カウンセリング（進路相談等）を実施し、生徒の進路意識を高める。

・キャリア・カウンセリング後などに、作成した進路計画に修正や付け足しがあった場合は赤ペン等で記録させる。また、この資料はファイリングさせ、今後の進路（キャリア）学習に役立たせる。

進路計画を立てよう

年　　　組　　氏名

今、自分がなりたい職業を考え、中学校卒業後の進路を具体的にまとめてみましょう。

私は　　　　　　　　　　　　　　　　　　　　　　　　になりたい。

●進路先：

●選んだ理由：

●進路先：

●選んだ理由：

●進路先：

●選んだ理由：

中学校卒業

20 年後の自分を絵で描いてみましょう。

これからの中学校生活でがんばりたいことは?

◎将来の進路に関して、保護者の考え、願いを書きましょう。

◎自分の進路を選択する際に大切にしたいこと。

第2学年の指導内容について

1　2年生の新たな目標を立てる

　中学校生活も1年が過ぎた。その1年間を振り返るとともに、2年生ではどのような目標を立て、これからの1年間をどう過ごしたいかを考える。例えば、生徒会活動や部活動などではいよいよ中心的な役割を果たす時期でもある。できるだけ具体的な目標を立て、それを達成したいという意欲を高めたい。また、前年度作成したキャリアや進路学習に関するポートフォリオやキャリア・パスポートを参考にし、1年時を振り返りながら、目標を立ててほしい。

2　キャリア・進路学習の意義を再認識する

　2年生になると、職場体験活動など地域の人たちの支援を受けながら、キャリアや進路に関する学習を進めることが多くなる。その際、生徒自身にとってどのような意義があるのかを再認識させることは学習を意欲付け、深めるために重要である。本書では例として、基礎的・汎用的能力を意識させる実践を掲載しているが、このような力が生徒の今後の人生にとって大切なことを社会情勢と照らし合わせながら説明することが有効である。

3　職業の世界を広く学習するとともに、実際に職場体験活動を行う

　2年生において、これは最も時間を要する指導内容である。1年生から2年生にかけて、身近な人々へのインタビューなどから職業の世界を垣間見てきた。それをもう少し一般的な概念へと抽象化するとともに、職業に関する知識も増やしたい。

　それらの取り組みも職場体験活動の事前学習の一環と位置付けることもできる。そして、直接的には、職場体験活動になぜ参加するのか、それにはどのような意味があるのかなど、職場体験活動の意義を深めて、その活動へのモチベーションを高めることが肝要である。

　事後学習としては、まず自分自身がその活動から何を学んだのかをじっくりと考え、次に、その学びを学級や学年全体で共有化することが大切である。そのためには体験発表会などを実施することもある。

4 自己の特徴と職業の世界とを照らし合わせて、適性を考えさせる

これまでの職業情報を基礎にしながら、様々な職業について、適性の側面から考えさせることが必要である。自分の特徴を把握した結果を踏まえて、自分と職業とを照らし合わせて、どのような職業に自分が向いているのかを考えさせる。あくまでも暫定的なマッチングであるが、このような視点から職業の選択を考えるという手続きを知ることも重要である。

5 地域のよさを理解し、「地域」という視点をキャリア設計に取り込む

中学2年生では、県外に修学旅行に行き、自分の住んでいる地域と比較して、改めて地域のよさや課題を把握して追究する学習活動が総合的な学習の時間などで行われることがある。そのような活動の中で関わる地域の大人や高校生等は身近なキャリアモデルとなり、その関わりを通して、生徒は「地域」という視点を自身のキャリア設計に取り込み、キャリアの視点を広げる。地域と関わるキャリア教育・進路指導を推進してほしい。

6 上級学校で学ぶ意義を深め、学ぶための制度と機会を知る

ほとんどの生徒が上級学校に進学するわけであるが、なぜ進学するのか、目的意識を形成できるよう十分に考えさせたい。そして、様々な学校や制度があることを学習させる。

7 なりたい自分の姿に向けた課題は何か、生活面から明らかにさせる

自分の理想や目標に近付くには、生活上の課題を把握し、コントロールすることも重要となってくる。つまり、基礎的・汎用的能力の「自己理解・自己管理能力」を高めることが求められる。しかし、1単位時間の授業だけでは高めることはできない。本書の授業を契機として、自分をコントロールする具体的な実践内容が決まったら、継続的な実践が必要である。情報端末に具体策を入力し、その取り組みの評価を入力させてもよい。

8 自分の適性を踏まえて進路計画を吟味させ、課題を明らかにさせる

3年生に進級する前に、もう一度自己の適性を踏まえた上で進路計画を吟味し、新たな課題を発見する取り組みをここで行いたい。ここで見直した計画はキャリア・パスポートに保管させ、次年度の目標づくり等に生かす。

なお、中学校2年生の時期に職場体験活動を行う理由として、大きくは二つある。

第一に、職業価値観（職業観）の価値体系の基本的な枠組みの形成は中学校2年生頃までになされるという研究（広井1969、広井1976、松井1988）があるからである。

第二の理由は、中学校2年生の時期は、中学校3学年の間で自己肯定感（自己有用感）が最低の時期である（松井，2001）が、職場体験活動では、自分たちのがんばりを認めてもらえるチャンス、換言すれば、社会的承認が得られる機会が、少なからず存在するからである。

51

1

●目標設定　特別活動／1時間
2年生の目標を立てよう

1　指導のねらい

　1年生のときに中学校生活をひととおり経験した生徒は、自分が1年生のときの姿を客観的に振り返ることで、改善が必要な点や伸ばしたほうがよい点などに気付くことができる。それらの点を意識しながら、これから始まる2年生の生活で、自分の思いを実現した姿をイメージさせることで、1年間の目標を設定させたい。

2　指導方法

　このワークシートは、中学2年生の最初の学級活動の時間に、これまでの自分を振り返るとともに、1年間の目標を設定する場面で使用させたい。ねらいに掲げた気付きや自分の思いを容易にイメージできるように、「学習」「学校生活・校外活動」「家庭生活」の場面ごとに、具体的な項目を三つずつ設け、生徒の思考活動がよりスムーズに行えるようにしてある。

①　1年生のときの自分の姿を項目ごとに想起させる。その際、うまくできたことや自己有用感、自己肯定感が得られた活動や取り組みなどを中心に記入させるようにする。

②　2年生の自分をイメージさせる。このとき、2年生としての学習に対する心構えや、生徒会活動や学校行事などへの関わりについて、1年生のときと比べ、よりよい自分の姿を想起させるとよい（得意教科を伸ばしたり不得意教科を克服したりする姿や、卒業後の進路実現に向けた学習、生徒会や校内外の部活動、クラブ活動などでの役割についてなど）。

③　ワークシートには九つの項目があり、これら全てを完璧にこなすのは難しい。そこで、その中でも「これだけは達成したい！」という項目を絞り、1年間の目標とさせる。他の8項目についても、機会に応じて思い出すことができるようにするとよい。

④　自分で決めた「これだけは達成したい！」という項目については、情報端末を利用して相互に発表したり、短冊などに書いて掲示したりするなど、学級の仲間に広く認知されることが大切である。そうすることで、自分の目標としての意識を高め、達成に向けての取り組みがしやすくなる。また、周囲からの励ましも期待できる。

3　指導のポイント

・個人での試行活動が基本であるが、小グループやペアなど、他の生徒と意見交換をし、学級全員に知らせるなど、学級の実態に応じて様々な展開を組むことができる。

・自分はこうありたいという姿を様々な項目で考えた上で、その中でも一番達成したいものを1年間の目標として学級に公表することで、目標を明確にもたせることができる。

2年生の目標を立てよう

年　　　組　　氏名

　1年生を振り返り、2年生ではこうありたいという自分の姿をいろいろな視点からイメージしてみましょう。そして、これだけは絶対に達成したいという項目を囲んでみましょう。

	1年生の自分	2年生の自分
学習	①得意・不得意は？ ②課題への取り組みは？ ③対話や協力は？	① ② ③
学校生活・校外活動	①学級の係活動は？ ②生徒会活動や学校行事は？ ③放課後の活動は？	① ② ③
家庭生活	①生活習慣は？ ②自主学習や塾は？ ③家の手伝いは？	① ② ③

2

「働く力」を身に付けよう

1 指導のねらい

　職業体験学習など総合的な学習の時間等で行う活動で、自分自身が身に付けたい基礎的・汎用的能力は何かを考え、それらを意識して活動に取り組むことができるようにする。また、毎回の活動後に基礎的・汎用的能力を意識した振り返りをすることで、自分自身の成長のために何が必要か考えながら活動を進めることができるようにする。

2 指導方法

① 　今の自分の課題を見つめ、目標設定をする。

　⑴ 「働く上で必要な力」として基礎的・汎用的能力を挙げ、教師がその説明をする。

　⑵ 　ワークシートの①～⑯にある基礎的・汎用的能力の中から自分自身の成長のために身に付けたい力を選び、「今の自分自身の課題」と「理想とする姿」を記入する。

　⑶ 　教育相談等の機会を活用し、ワークシートに書かれた課題の内容を教師と生徒との間で共有し、基礎的・汎用的能力を高めるための方策について一緒に考える。

② 　毎回の活動で振り返りシートを活用し、基礎的・汎用的能力を意識させる。

　⑴ 　1時間の活動が始まる前に、その活動で意識したい基礎的・汎用的能力を挙げる。

　⑵ 　活動を終えたら、その日の活動を通して意識した基礎的・汎用的能力を挙げ、その時間での具体的ながんばりについて記述する。

3 指導のポイント

・基礎的・汎用的能力について初めに提示し、目標設定がしやすいようにする。身に付けてほしい能力を簡単な説明とともに提示して、自分に足りていない力や、自分が目標とする大人の姿に近づくためにはどの能力を高めたいか考えやすいようにする。

・協力企業や地域の方と、ワークシートの記述を共有する。生徒が身に付けたい力を関わる大人と共有することで、活動中の声かけや振り返りの際に役立てる。

・活動前、活動中、活動後に、ワークシートの記述を踏まえて個別に面談等を行う。生徒が身に付けたい基礎的・汎用的能力と、それを身に付けるための方策が妥当であるか、様々な視点から考えられるよう面談を行うことは重要である。その際、教師1人で対応するのではなく、学年部の他の教職員や関わっていただける企業や地域の方などとビデオ会議システム等を活用して、より多くの大人と面談できるようにすることが望ましい。

「働く力」を身につけよう！（目標設定シート）

年　　　　組　　　氏名

働く上で必要な力の例

〔人間関係形成・社会形成能力〕

① チームワーク：周りの人と協力する力
② コミュニケーションスキル：自分の考えを主張し、調整する力
③ 他者に働きかける力：活動を進めるために助け合おうとする力
④ リーダーシップ：他者から信頼を得て、集団をまとめる力

〔自己理解・自己管理能力〕

⑤ 自己の役割の理解：自分は何をすべきか理解する力
⑥ 前向きに考える力：成功をイメージして挑戦する力
⑦ 自己の動機付け：活動を自分のために役立てようとする力
⑧ 忍耐力：うまくいかないときでも粘り強く解決策を考える力
⑨ ストレスマネジメント：うまくいかないときに気持ちを上手に切り替える力

〔課題対応能力〕

⑩ 課題発見：よりよくできることがらを見つける力
⑪ 計画立案：計画的に活動を進める力
⑫ 実行力：課題を最後までやりきる力
⑬ 振り返り：よりよい未来のために活動を振り返る力
⑭ 情報処理能力：情報を集めたり、集めた情報を使って判断したりする力

〔キャリアプランニング能力〕

⑮ 働く意義の理解：働くことのメリットに気づく力
⑯ 多様性の理解：自分やほかの人のいろいろな考え方を尊重しようとする力

★この学習を通して身につけたい力と理由を書きましょう

身につけたい力	今の自分の具体的な課題（姿）	活動を終えた後の理想の姿

3 職業の世界を知ろう Ⅰ

● 勤労観・職業観　特別活動 or 総合的な学習の時間／1時間

1 指導のねらい

　産業構造、少子化、高齢化の変化のグラフを読み取り、第三次産業の割合が高まってきていることから、国際化や情報化などの社会の変化に伴う職業の変化に気付かせる。また、社会の変化を理解することで、変化に対応していくための知識や能力の基礎を身に付けさせたい。

2 指導方法

① 国勢調査の「産業別就業人口の割合」を提示し、第一次～第三次産業の説明をした後、増えている職業と減っている職業を考えたり、情報端末で調べたりして挙げさせていく。

　　第一次産業……農・林・水産業など　主に「自然に直接働きかける」産業

　　第二次産業……製造業、建設業など　主に「材料などを加工する」産業

　　第三次産業……サービス業や卸売・小売業、IT産業、医療・福祉など

　　教師の分かる範囲で職業のヒントを出していく。特に第三次産業（増えている職業）については、「目に見えないものを売ったり提供したりする職業は？」「通信、商業、運輸、金融といって思いつく職業は？」など、多く出るようにヒントを出す。

② 情報化や国際化、少子高齢化、また、サービス化、ソフト化などの社会の変化を大まかに捉えさせる。まず、①で出てきた第三次産業の職業を発表させて、出てきた職業から社会の変化を考えさせる。十分出せなかったり難しかったりする場合は、教師側で誘導していくとよい。「○○化」が出たら簡単に説明させる。

　　例：携帯電話会社⇒情報化　旅行会社、通訳員⇒国際化　介護福祉士⇒高齢化

　　最後に、情報化や国際化、高齢化など社会の変化に伴って生まれた職業がこの中に多いことを説明し、将来ますます進んでいくこと、その社会に出ていくことについて触れる。

③ 情報端末を活用して調べるとよい。AIによりなくなる仕事と残る仕事、増加する仕事があることに気付かせたい。

3 指導のポイント

　社会の変化とはっきり結び付く職業が出てくるとは限らない。また、第一次や第二次産業の職業が、ロボットやドローンの導入、AI・IoT技術の活用等により高度になっていることにも触れたい。

社会の変化と職業について考えよう

年　　　組　　氏名

1　グラフ「産業構造の変化」を見て、増えている職業、減っている職業を考えたり、情報端末で調べたりして、たくさん挙げてみましょう。

【増えている職業】

【減っている職業】

2　上の**1**のように職業が変化しているのは、現代の社会が「○○化」しているからです。○○に当てはまる語句を考え、**1**の職業と結び付けてみましょう（当てはまらないものがあってもよい）。

○○化……

○○化……

○○化……

3　AI（人工知能）やロボットの活用などで、今後、職業はどのように変わっていくか調べてみましょう。

4　授業を振り返って、今後、職業を選ぶ上で大切にしたいことを書きましょう。

4 職業の世界を知ろう Ⅱ

●勤労観・職業観　特別活動 or 総合的な学習の時間／1時間

1 指導のねらい

　私たちの生活は、様々な職業で働く人たちに支えられている。どんな職業も、何らかの産業に属している。ある職業について調べるには、その職業がどのような産業に属し、他のどのような職業や産業と関わりがあるのかを知ることも大切である。また、情報化社会や AI の発達により、将来なくなってしまうと予想される職業や、新しく生まれてくる職業もある。ここでは、様々な職業の中から、生徒自身の興味・関心に応じて自分で調べる経験を大切にしたい。中学生の今、自分は何をがんばればいいのかを考えるきっかけとしたい。

2 指導方法

① 　調べたい職業名は、生徒自身の興味・関心に応じて決めてよいが、日本標準職業分類や日本標準産業分類など、具体的な参考資料があると選択しやすい。生徒の興味・関心を事前に調査し、調べたい職業が偏っていたり、調べたい職業が決まらない生徒が多かったりする場合は、教師のほうで職業を割り振るなり、くじ引きをさせるなりして決定する。

② 　ここでは、いろいろな職業について個々に調べることが大切であるが、必ずしも生徒の興味・関心に沿っている必要はない。各自が調べた内容を学級内に掲示したり、発表したりすることで、いろいろな職業について情報を共有することができるからである。

③ 　職業について調べるための情報源としては Web ページが有効であり、多数公開されている。情報端末で容易に検索できるので、ワークシートもデータで配付しておくと、分かりやすくまとめることができる。

　　また、図書館の蔵書も有効である。様々な職業に就くためのガイドブック的な書籍は以前から多く利用されているが、たくさんの情報を一度に閲覧したり比較したりするのに適している。更に、調べた職業の将来性や、その職業から派生して新たに生まれてきそうな職業を考えることも、これからの社会を生きる生徒たちには有用な情報となる。

3 指導のポイント

・ワークシートには、それぞれの欄にどのようなことを記入すればよいかが載せてあるので、それを参考に生徒に説明するとよい。

・このワークシートを完成させることを通して、職場体験学習での学習のポイントを意識させることもできる。

私の職業レポート

年　　　組　　　氏名

職業名	調べたい職業名を記入	
その職業が属する産業名は？	＊日本標準産業分類を参照	------------------------------------
選んだ理由は？	その職業について調べたいと思った理由を記入。	------------------------------------
何を相手にする職業か？	人、もの、自然や生物、情報や価値など、具体的に記入する。	------------------------------------
就職するために必要なことは？	どのような資格、免許、経験、知識、素質や才能などが必要なのか記入。	------------------------------------
生活の場はどこか？	住み慣れた町、都市部、各地を移動、世界中を駆けめぐるなど。	------------------------------------
仕事の内容は？	具体的にどんな仕事をするのか、わかりやすくまとめる。	------------------------------------ ------------------------------------ ------------------------------------ ------------------------------------
どんな人に向いているか？	性格や適性、好み、得意なことなどを具体的に記入。	------------------------------------
中学校卒業後どのような進路を進むのか？	中学校卒業→高等学校→大学／短大→専門学校 ○○○○ ＊図で表してみましょう	
この仕事に就いたらやってみたいことは何か？	将来この仕事に就いたら実現してみたいことを自由に書いてみましょう。	------------------------------------ ------------------------------------ ------------------------------------
この職業の将来性は？	この職業は将来どのように変化していくのか調べてみましょう。	------------------------------------ ------------------------------------

5 ●進路適性 総合的な学習の時間 or 特別活動／１時間
職業の適性を考えよう Ⅰ

1 指導のねらい

　職場体験活動を活用して職業の適性について考える授業である。「何を相手にする仕事か？」「どんな環境で働く仕事か？」など、職業にはそれぞれ特性がある。まず、自分の興味・関心、得意・不得意を考え、それを生かせる職業にはどのようなものがあるか、その職業に就くためにはどのような力（適性）が必要かを調べる。更に、職場体験活動に向け、体験する職業のもつ特性を理解し、どのような力を付けておくとよいのかを考えるなど、職場体験活動への意欲を高める。

2 指導方法

①　ワークシートの１と２に記入し、自分の興味・関心等がどこにあるか考えさせる。

　・書いた内容をペアで発表し合うなど、明るい雰囲気で進める。

②　上記①で記入した「自分の興味・関心のある仕事（職業）」にはどのようなものがあるのかを、情報端末を使って各自で調べる。

③　上記②で出された具体的な職業について、どのような力があるとよいかを情報端末で調べ、ワークシートの３に書き出す。

④　職場体験活動で体験する職業について、上記②③と同様に情報端末を使って調べ、どのような力を高めるとよいのかを、ワークシートの４と５に記入して明確にする。

⑤　活動を振り返って、活動の感想や職場体験活動に向けての思いを記入させる。

3 指導のポイント

・職場体験活動で同じ職場（または似た職種、仕事内容）を訪問するグループで集まって進める。

・まず、各自の興味・関心（好きなこと、得意なこと）から考え始めるが、なかなか思い付かない生徒には、同じグループのメンバーからアドバイスを受けるようにする。

　例：「あなたは子どもが好きだよね」「話をするのが上手だよね」など。

・情報端末を使っての調べ方については、ワークシートの２にあるキーワードを使うように助言する。また、Web版「13歳のハローワーク」をはじめ参考となるサイトを紹介する。

　例：人の世話をする仕事→福祉関係→介護福祉士

・自分たちが職場体験活動で訪問する職場（職業）について、情報端末を使って調べることで、体験活動に向けての意識を高め、訪問までの学校生活を意欲的に送れるようにしたい。

職業の適性を考えよう！

年　　　組　　氏名

　あなたには友達と違う興味・関心や得意・不得意があるように、職業にもそれぞれ特性があります。職業がもつ特性について考えていきましょう。

1　あなたはどんなことをするのが好きですか？　また得意ですか？　思いつくままに書いてみましょう。

好きなこと	得意なこと

2　あなたは働くとしたらどんな特性をもつ仕事をしてみたいですか？　次の中から選んで○をつけましょう（○はいくつつけてもよいです）。

- ・人と接する仕事　　・自然と接する仕事　　・機械を扱う仕事　　・情報を扱う仕事
- ・生き物を扱う仕事　・物をつくる仕事　　　・物を売る仕事　　　・物を運ぶ仕事
- ・人に教える仕事　　・人の世話をする仕事　・体を動かす仕事
- ・アイディアを出す仕事　・屋内で働く仕事　・屋外で働く仕事
- ・その他（　　　　　　　　　　　　　　　　　　　　　　　　　　　　　　　　）

3　上の**2**のような職業に就くためにはどのような力があるとよいと思いますか？
　　例：人の話を聴く力　はっきりと話す力　体力　発想する力　など

4　あなたが職場体験活動で携わる職業にはどのような特性があると思いますか？　上の中から書き出してみましょう。

あなたが体験する職業

その職業の特性

5　職場体験活動までにどのような力を高めるとよいと思いますか？

6 ●進路適性 特別活動 or 総合的な学習の時間／1時間

職業の適性を考えよう Ⅱ

1 指導のねらい

　将来の進路計画に基づいて当面の目標を立て、実現に向けて努力し続けることは重要である。しかし、現実には、大部分の生徒は高等学校に進学を希望するが、学力によって進学先を限定してしまう傾向にある。そこで、この時期に自分の個性や適性を知り、自己理解を深めることで、適性を生かした進路選択をしようとする態度を育成したい。

2 指導方法

① 　ワークシートの10の項目について、事前に家族などにインタビューをし、評価してもらうように生徒に働きかける。　　　　　　　　　　　　　　　　　　　　　　　　　　（事前）

② 　10の項目について、情報端末のアンケート機能を用いて、グループの生徒に評価してもらうように指示する。グループ内の生徒の評価をグラフ化し、他者の評価を可視化する。

③ 　自己評価を行い、「YES」の数を集計する。

④ 　自己評価、家族、グループ内の友達の評価をもとに、ワークシートに記入する。

　・特に、自分のよい面を中心に記入させる。

　・このとき、他の適性検査やスポーツテストの結果などと比較検討してみる（評価資料がまとめてあると都合がよい）。

⑤ 　自分に適する職業についてまとめる。

　・上記④の後にグループ内でメンバーの職業について意見交換してからでもよい。

　・インターネットを活用して調べるとよい。

3 指導のポイント

・事前に「職業適性検査」など、すでに実施した検査の結果等の資料を用意しておく。

・「家族から見た自分」や「友達から見た自分」の評価を通して、他者の生き方や価値観を考察できるようにするため、特に保護者には協力を求めたい。

・ワークシートは情報端末に保存し、定期的に複数回行い、結果を比較するなど、自己理解が深められるように活用する。

・記入したワークシートを利用してキャリア・カウンセリングを行い、改善点などの具体的な個別指導を行い、希望する進路実現への意欲を高める。

職業の適性を考えよう

年　　　組　　氏名

　あなたは自分自身がどんな自分なのか知っていますか？　友達や家族はあなたがどんなことに向いているかわかっていると思いますか？　そして、自分にどんな進路が向いていると思うか考えてみましょう。

1-1　自分の家族などから、あなたについて下の1～10の項目を YES ／ NO のどちらかに○をつけてもらいましょう。

1-2　隣りの席の友達から、あなたについて1～10の項目を YES ／ NO のどちらかに○をつけてもらいましょう（情報端末のアンケート機能の使用も可）。

1-3　自分自身で1～10の項目を YES ／ NO のどちらかに○をつけてみましょう。

1-4　各項目の一番右の欄に YES の数を書きましょう。

番	項　　　目	家　族	友　達	自　分	YES の数
1	子どもと遊ぶのが好きである。	Y／N	Y／N	Y／N	
2	読書などじっくりするほうである。	Y／N	Y／N	Y／N	
3	友達づくりには自信がある。	Y／N	Y／N	Y／N	
4	ボランティア活動に興味がある。	Y／N	Y／N	Y／N	
5	外国人と会話をしたい。会話ができる。	Y／N	Y／N	Y／N	
6	生き物が好きである。	Y／N	Y／N	Y／N	
7	ものづくりが好きである。	Y／N	Y／N	Y／N	
8	電気製品の仕組みに興味がある。	Y／N	Y／N	Y／N	
9	ニュース番組をよく見る。	Y／N	Y／N	Y／N	
⑩	正義感が強い。	Y／N	Y／N	Y／N	

2　家族や友達が教えてくれたあなたの最大の魅力はどんな面でしたか？

3　自分が希望する職業についてまとめてみましょう。

職業名	仕事の内容
働く時間	働く時間
必要な資格や免許	求められる適性・生活

7 職場体験活動に向けて

●勤労観・職業観　特別活動 or 総合的な学習の時間／2時間

1 指導のねらい

　いろいろな仕事の内容や、仕事をしていく上でのつらいこと、喜びを知ることで、職業のもつ意義や価値に対する関心を高める。職場体験活動で関わる人や地域を通して、望ましい勤労観・職業観を育成するとともに、自己の成長に必要なことを見つめようとする態度を育てる。

2 指導方法

① 日頃から身近に感じている職業、将来就いてみたい職業、家族の職業など、それぞれの職業に就いている人の仕事の内容や様子、働く喜びやつらさについて、インタビューによる調査を行い、調査したことをワークシートの「MISSION 1」に記述することを伝える。

・調査活動には時間を要するため、情報端末のオンライン会議アプリを利用するなど工夫して行う。また、遠方の親戚や家族の知人などに対しては事前に行っておく。その際は、調査の趣旨が十分伝わるように配慮する。

② 調査の後の流れや事後学習等、職場体験学習全体の流れを説明する。　　　　　（1時間目）

③ インタビューしてきた何種類かの職業について、情報端末等を活用して、グループや学級全体で発表・共有する。

④ 興味や関心をもった調査を三つ挙げる。また、三つの調査意見を参考にし、新たな発見や感想をまとめる（「MISSION 2」に記入）。

⑤ 職場体験活動で重視する勤労観や職業観を考え、ワークシート内の項目（MISSION 3）から選択する。

⑥ 重視する内容が項目にない場合は、具体的に書き出させる。情報端末の共有機能を活用し、グループ内で考えを出し合う。重視する内容が思い浮かばない生徒にもイメージをもたせるように働きかけ、上記②と同様にグループで共有する（「MISSION 3」に記入）。

⑦ 職場体験活動に参加する際の自己の課題を明確に記入する（「MISSION 4」に記入）。

（2時間目）

3 指導のポイント

・職場体験活動を通して職業のもつ意義や価値に目を向けられるように、視点を明らかにする。そのため、ぜひとも、職場体験活動における生徒自身の課題の明確化を行わせたい。

・可能な生徒については、一つの職業についてだけでなく、オンラインを活用するなどして、1人当たりいくつかの職業を調査し、多様な意義や価値に気付かせるよう指導したい。

職場体験活動に向けて

年　　組　　氏名

MISSION 1　職業人に聞く！

　将来就いてみたいと思う職業や家族の職業、身近に感じる職業に就いている人に、仕事をしていてうれしかったことや、つらかったことなどを聞いてみましょう。

> ①どんなことをしているのですか？（仕事の内容、様子）
>
> ②この仕事を選んだ理由を聞かせてください。
>
> ③この仕事でうれしいのはどんなことですか？　つらいのはどんなことですか？

MISSION 2　学級の仲間の調査から学ぼう！

働く喜び	働くつらさ	感想・新たな発見

MISSION 3　職業について考えよう！

　これから行う職場体験活動で、あなたが重視したいと考えることはどんなことですか？当てはまると思うものに〇をつけてみましょう。下にない場合は「その他」の欄に具体的に記入しましょう。

家からの距離　　　（　）	社会への貢献　　　　　　（　）	自分の希望や興味・関心　（　）
自分の個性や適性　（　）	専門的な技術を必要とする（　）	手順が明確になった作業　（　）
人とのかかわり　　（　）	単純な作業　　　　　　　（　）	複雑な思考を必要とする作業（　）
体力が必要な作業（　）	その他（　　　　　　　　　　　　　　　　　　　　　　　　）	

MISSION 4　職場体験活動の課題を明確にしよう！

> ☆あなたが職場体験活動で最も重視したいこと（学びたいことや知りたいこと）は、何ですか？

8 職場体験活動を振り返って

1 指導のねらい

・勤労の意義や働く人々の様々な思いを理解することができる。

・学んだことを、日常の生活や将来にどのように生かせばよいのか考えることができる。

2 指導方法

① 職場体験活動を想起させ、学んだこと等を思い出させる。

　(1) 職場体験活動で学んだこと等をワークシートの1に記入させる。

　(2) 班内で発表し合う。その後、数名を指名し、クラス全体に発表させる。

② 働くことは尊い行為であることを理解させる。

　(1) 「働いている人を見て、『すごい』と思ったこと」をワークシートの2に記入させる。

　(2) 班内で書いたことを伝え合う。その後、数名を指名し、クラス全体に発表させる。

③ 働くこと、生きていくことについて考えさせる。

　(1) 「働く上、生きていく上で大切なこと」をワークシートの3に記入させる。

　(2) 班内で書いたことを伝え合う。その後、数名を指名し、クラス全体に発表させる。

④ 働く意義を考えさせる。

　(1) 「あなたは今、何のために働くと考えていますか？」の三つの事柄（「生計の維持」「役割の発揮」「個性の発揮」：尾高1995）について順位付けを行い、ワークシートの4に記入させる。

　(2) 順位を付けた理由を班内で発表し合う。数名を指名し、クラス全体に発表させる。

⑤ 授業を振り返り、友達から学んだことを書いて、学びを深めさせる。

　(1) 班や学級の友達の発表を聞いて、学んだことをワークシートの5に記入させる。

　(2) 数名を指名し、クラス全体に発表させる。

⑥ 勤労の意義と職場体験活動後の生活について教師が話す。

3 指導のポイント

・インタビュー内容や職場体験活動中に気に留めておくべき事項をあらかじめ生徒に示しておく（例：「どんなときに働きがいを感じるのか」「職場体験活動で学んだこと」など）。

・班内や全体発表の代わりに、情報端末を使って意見交流してもよい。

職場体験活動を振り返って

年　　　組　　氏名

1　職場体験活動を振り返りましょう！

（1）職場の人はどんなとき、働きがいを感じるでしょうか？

（2）職場体験活動であなたが学んだことは？

2　働いている人を見て、「すごい」と思ったことを書きましょう。

3　働く上、生きていく上で大切なことはこれだ！

4　あなたは今、何のために働くと考えていますか？（順位をつけましょう）

	お金をかせぐため
	他の人や社会の役に立つため
	自分のもっている力を発揮するため

5　友達の発表を聞いて、なるほど！

9 ●勤労観・職業観 [総合的な学習の時間／4時間]
地域文化を紹介しよう

1 指導のねらい

　学習を通して自分自身の生活を振り返り、地域特有の文化に気付き、他県や他国の文化との違いを知る。また、地域文化の意義やそれらを支えている人の思いに触れ、自分の生活との関連、地域文化と関連する職業や役割に関する理解を深める。

2 指導方法

① 　学習課題の提示を行う。紹介する地域文化を5～8程度教師側で用意し、個人もしくは班で選択する。1班は4人程度とする。

② 　これまでの生活経験を振り返り、地域文化（行事や祭り等）についての印象や自分自身がもっている知識をまとめる。その後、情報端末を活用し、情報収集を行う。

③ 　同じ地域文化を選択した生徒同士で意見交流を行う。調査内容や自分の気付きはワークシートの Step 1 にメモさせる。　　　　　　　　　　　　　　　　　　　　　　　（1時間目）

④ 　地域文化に携わる人と交流を行い、地域文化に対する思い等についての講話を聞く。講師に質問をして理解を深め、講話内容や自分の気付きはワークシートの Step 2 にメモさせる。

⑤ 　自分自身と地域文化との関わりを含め、ALT、地域在住外国人や他県から来た観光客に向けて地域文化の紹介文を書く。

⑥ 　班で紹介文を発表し合い、互いの紹介文についてのアドバイスを付箋に書く。友達からもらったアドバイスを参考にして紹介文を修正し、ワークシートの Step 3 に記載する。修正が完了したら、英文を作成し、Step 4 に記載する。　　　　　　　　　　　　　　（2～3時間目）

⑦ 　ALT や地域在住の外国人、地域住民、保護者等に向けて、同じ地域文化を選択した班ごとに発表を行う。

⑧ 　今回の学習を通して地域について学んだこと、考えたこと等をワークシートの Step 5 に記載させる。　　　　　　　　　　　　　　　　　　　　　　　　　　　　　　　（4時間目）

3 指導のポイント

・意見の交流にはデジタルホワイトボード、発表用の資料には画像や動画、スライド、英文の作成には翻訳アプリなど、情報端末のツールを活用させてもよい。

・ワークシートは1時間ごとに分けて、大きめの枠を用意してもよい。

・調べたことの発表は、学区の小学生との交流日や保護者参観日に行ってもよい。また、他県や海外に姉妹校があるところはオンラインで発表してもよい。

地域文化を紹介しよう

年　　　組　　氏名

【Step 1】 地域文化について調べたことや友達との意見交流をメモしましょう。

【Step 2】 地域文化についての講話で聞いたことをメモしましょう。

【Step 3】 メモを参考にして、紹介する原稿を日本語で書きましょう。

【Step 4】 紹介する原稿を英語に直しましょう。

Hello.　I'm going to tell you about

Thank you.

【Step 5】 学習を通して、地域について考えたことを書きましょう。

10 ●将来設計 総合的な学習の時間／2時間
郷土と旅行先を比較しよう

1 指導のねらい

　修学旅行での旅行先と郷土のよさを比較することで、旅行先と郷土についての理解を深める。修学旅行の事前学習として観点を踏まえて学ぶとともに、郷土に対する新たな発見を促したい。地域活性や自分の将来について、生徒が自分なりに探究できるようにする。

2 指導方法

① 事前学習をもとに、ワークシートの1の表を埋める。

　・事前学習にしてもよい。

　・班のテーマに合わせてジャンルなどを絞ってもよい（例：「環境」「子育て」「まちづくり」等）。

② 表をもとに、「旅行先にあって郷土にないよさ」「郷土にあって旅行先にないよさ」「どちらにもあるよさ」「どちらにもない（あってほしい）よさ」について具体的に調べたり、考えたりする。

③ ワークシートの2と3は、修学旅行先での活動内容についての設問である。各地域の活性化に尽力している方を探し、話を聞くことができれば、生徒にとって価値ある学びとなる。

④ 事後学習では修学旅行での経験をもとに更に表を埋めたり、詳しく調べたりたりする。違う班と共有をするのもよい。ワークシートの4について考えることで、郷土の活性化や自分の将来についての提言につなげる。

3 指導のポイント

・修学旅行先と自分たちの郷土を様々な観点から比較することで、それぞれの地域の魅力や課題が見えてくることを実感させたい。

・それぞれの地域課題に取り組み、魅力を高めようと奮闘している大人たちがいることにも気付かせたい。そのような人に事前学習や旅行先で講話やインタビューができるとよい。

・図書館資料やパンフレット、Web情報など、資料を用意して調べられるとよい。教師も下調べをして臨み、生徒が見付けた深い探究につながる観点を取り上げ、紹介するようにする。

・テーマや講師の選定は、できるだけ生徒の希望を聞き入れた形にする。

・「旅行先にあるものが郷土にない」からといって、あきらめるのではなく、「ないものをつくるにはどうすればよいか」「将来の職業に生かせないか」といった観点から探究させたい。

郷土のよさ、旅行先のよさ

年　　　組　　氏名

1　旅行先にあるよさと郷土にあるよさをあげてみましょう。

	旅行先にあるよさ	旅行先にないよさ
郷土にあるよさ	A	B
郷土にないよさ	C	D

2　上の表のC「旅行先にあって、郷土にないよさ」がある理由を調べてみましょう。

3　上の**2**の答えを知るために、旅行先でどんな人の話を聞いてみたいですか？

4　旅行を踏まえて、あなたは郷土がどうなるといいと思いますか？

11 地域と協働しよう

●勤労観・職業観

1 指導のねらい

　郷土をPRする商品の開発を通して、郷土のよさを実感するとともに、郷土への愛着をもたせる。また、高等学校の先生や生徒との交流を通して、上級学校への理解を深め、自分の将来の進路や職業を考えるきっかけとする。

2 指導方法

① 　小学校での学習やこれまでの学習を振り返ったり、インターネットで郷土の特徴や特色について調べたりして、郷土のよさや特色を再確認する。

② 　郷土のよさや特色を、「歴史」「産業」「文化」「自然」「食」「その他」の六つの視点で捉え、個人またはグループで考え、学級全体で共有する。　　　　　　　　　　　　　　（1時間目）

③ 　自分の好きな分野を選択し、個人もしくはグループでPR商品のアイディアを考える。その後、学級全体で共有する。

④ 　PR商品のアイディアを実際に商品化するためには、どの高校に、どんな内容の質問をしたらよいか、高校への質問を考える。　　　　　　　　　　　　　　　　　　　　（2時間目）

3 指導のポイント

・地域のよさを再確認し、これまでの学習を振り返るために、キャリア・パスポートを活用する。

・地域の特色によって、「歴史」「産業」「文化」「自然」「食」など、地域の実態に応じた視点（テーマ）を提示する。

・インターネットを活用して、郷土の特色を調べたり、郷土のおみやげや他地域のおみやげなどを調べたりするなど、PR商品に迫る情報を収集する。

・PR商品のアイディアを学級全体で共有する際は、情報端末のツールを使ってもよい。

・実際に商品開発や販売をしている高校の先生や生徒との交流を通して、よりよいPR商品を開発しようとする意欲や進路への興味・関心を高める。

・アイディアを商品として実現するため、職場体験学習受け入れ事業所など実際に商品を製造・販売をしている事業所とコラボし、PR商品を完成させられるとよい。

・企業家教育の視点を取り入れ、開発から販売体験までを一貫して行い、職業観を養う。

地域の高校とコラボ：地域 PR 商品を開発しよう

年　　　組　　　氏名

1　私たちの地域のよさを見つめよう

　これまでの学習を振り返ったり、インターネットで調べたりして、私たちが住んでいる地域のよさや特色をテーマごとに書きましょう。

歴史	産業
文化	**自然**
食	**その他**

2　地域を PR する商品のアイディアを出そう

　地域のよさや特色を PR する商品を開発・販売するとしたら、どんな商品がよいか、商品のアイディアを考えてみましょう。

テーマ	商　品	PR ポイント・商品説明
例：産業・食	桃のケーキ	地域の特産の桃を使ってパウンドケーキを作り、地域を PR する。

3　高校の先生や生徒のみなさんからのアドバイス

　商品アイディアについてアドバイスをしてほしい高校の先生や生徒のみなさんに、聞きたいこと、教えてほしいことなどを書きましょう。

高校名	質問事項
高校	
高校	

12 ●進路情報 特別活動／1時間
学ぶ制度と機会を知ろう

1 指導のねらい

　上級学校の種類や特徴、及び職業に求められる資格や学習歴の概略を考えることで、学ぶことの意義や役割、多様性を理解させる。多様な上級学校についての情報を自ら探し、自己の進路や生き方の選択に生かすためのきっかけとしたい。

2 指導方法

①　ワークシートの1のチャートを、生徒同士で話し合いながら記入する。更に、図の中の「就職！」の欄に、自分の知っている職業や希望する職業を入れさせ、そこに至るまでの進路を赤ペンなどで記入させるとよい。その後、教師が解説をしながら解答を述べていく。矢印（→）が就職を、白抜き矢印（⇨）が編入学等を表す。解答は以下のとおり。

　　ア．高等専門学校（高専）　イ．高等学校　ウ．大学　エ．専修学校　オ．各種学校
　　カ．大学院　キ．短期大学

②　ワークシートの2は個人で考えた後、グループで話し合い、発表をし、上級学校の意義を考える。

③　ワークシートの3〜5は上級学校の調べ学習につながる導入である。3での自分の考える学校に近いものは専修学校の中にあるかもしれないと伝えれば、調べ学習への意欲も湧く。

④　ワークシート終了後の学習としては、上級学校調査や進路講演会、卒業生を呼んでの座談会などにつなげることが可能である。

3 指導のポイント

・教師や家族など、身近にいる大人の人生経験や進路を選んだ理由などに触れられるとよい。

・進路希望がもてないでいる生徒に対しては、誰もが通る道であり、悩むことは自然なことだと指導する一方で、夢や目標が見付かるよう努力することの大切さも指導したい。

・専修学校からの編入学や高等学校卒業程度認定試験（大検）など、学ぶための道は一つではなく、努力さえすれば様々な進路が保証されていることも押さえたい。

・高校卒業後の主な進学先である大学と専修学校の専門課程に触れ、高校進学には卒業後の進路も踏まえた明確な目標意識が必要であることを押さえたい。

・専門的な技能がないと希望する職業への就職は難しいこと、自らのキャリアを高めるために就職先、進学先を頻繁に変える欧米のような例もあることも紹介したい。

学ぶ制度と機会を知ろう

年　　　組　　　氏名

1　下の図を見て、□□□にあてはまる上級学校を書きましょう。

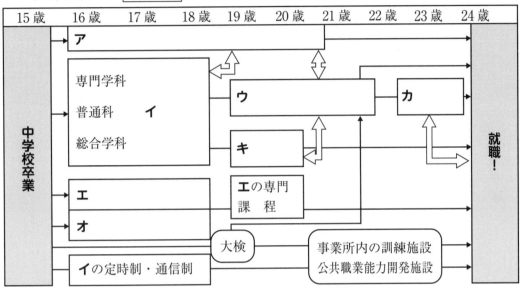

15歳	16歳	17歳	18歳	19歳	20歳	21歳	22歳	23歳	24歳

中学校卒業

ア

専門学科
普通科　**イ**
総合学科

ウ

カ

キ

エ

エの専門課程

オ

大検

イの定時制・通信制

事業所内の訓練施設
公共職業能力開発施設

就職！

2　上級学校は、何のためにあるのでしょう？　なぜ上級学校で学ぶのでしょうか？

3　あなたが学校をつくるとしたら、どんなことを学ぶ学校をつくりたいですか？

学校名	学ぶ内容

4　進路を選択するためには、上級学校のどんな情報を得る必要がありますか？

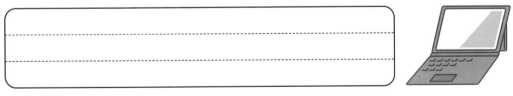

5　上の**4**の情報を得るためには、どんな方法がありますか？

13 ●将来設計 特別活動／1時間
なりたい自分に向かって

1 指導のねらい

「なりたい自分」（理想や目標とする人、就きたい職業）を想像し、これまでの自己の行動や生活習慣等を振り返り、工夫したことと課題を見つめ、他者のよいところを発見し、これからの生活に生かすことができるようにする。

2 指導方法

① 過去から現在までの自分を振り返る。

(1) 「なりたい自分」（学年、学期初めに思い描いた理想や目標とする自分像、就きたい職業）をキャリア・パスポート等を見ながら記入させる。

(2) 「なりたい自分」にどのくらい近付いているのか自己評価させる（色塗りをさせる）。

② 「身に付けたい力」を友達と共有する。

(1) 振り返りシートを見て、身に付けたい力を高める具体的方策をワークシートに記入させる。

(2) 友達の具体的方策を見て、自分とは違う考えから学ぶようにさせる。

(3) 友達の具体的方策を参考にし、今の自分に足りない力、必要な力を身に付けるための具体的方策を再度考えさせる。

3 指導のポイント

・「身に付けたい力」は「キャリア・パスポート（例示資料）中学校（生徒用）」（文部科学省, 2019）や各校で定めた力を想定している。また、本書の第2学年2も参照されたい。

・「なりたい自分」には「理想とする人や職業にどのくらい近付いているか」、「なれる自分」には「『なりたい自分』になるためにどのくらい努力しているか」を書く。

・②以降の活動として、「未来」の自分への応援メッセージを作成することも考えられる。「なりたい自分強化期間」を設けて、「身に付けたい力」の中から特にがんばりたいことを一つ選び、具体的方策を添えてワークシートやキャリア・パスポートに記入させる。その後、「なりたい自分強化期間」の自身の取り組みの振り返りを入力し、未来の自分への応援メッセージを作成する。

・「未来」の自分への応援メッセージは、教師が見本を作成し、イメージをもたせる。

・情報端末を利用し、友達のワークシートを容易に見ることができるようにすると、意見交換がしやすい。

「なりたい自分」になるための方法を考えよう

年　　　組　　氏名

1　「なりたい自分」（学年や学期のはじめに思い描いた理想や目標とする自分像、就きたい職業）を書きましょう。

2　「なりたい自分」にどのくらい近づいていますか？　色を塗ってみましょう。

	0	10	20	30	40	50	60	70	80	90	100
なりたい自分											

3　「なりたい自分」に近づくために、「身に付けたい力（自分に足りない、または必要な力）」を三つ書き、具体的な方策を考えてみましょう！

身に付けたい力	具体的な方策（工夫、意識することなど）

14 ●課題解決 特別活動／2時間
進路計画を見直そう

1 指導のねらい

　1年間の進路学習を振り返り、生徒自身が学んだことを整理し、具体的に進路計画を見直すことで、次の課題を明確にする。これまでの学習経験を見直し、今後の生き方につなげる能力を育む。

・進路学習の始め（年度当初）の頃と1年間の学習とを比べて、進路に対する考え方が変化したことに気付かせる。

・生徒自身に具体的な進路計画を設計させることで、今後の「生き方」に対する考え方やより具体的な目標をもたせる。

2 指導方法

① ワークシートの1と2で職業に対する考え方の変化を振り返り、まとめる。

② 教師はカンファレンス（生徒との協議）を通して、体験学習後の生徒の考え方の変化を引き出してまとめさせ、将来の進路を具体的に提示させる。 　　　　　　　　　　　（1時間目）

③ 具体的に、将来就きたい職業に必要な資格や、なるための試験について調査し、まとめさせる。また、就職のためだけにこだわらず、生徒自身のキャリアアップになる資格の習得も調べさせる（例：英語検定、漢字検定など）。

④ ワークシートの3の将来予想図に進路設計を立てさせる。ここでは、様々な進路が考えられる中、生徒の具体的なシミュレーションとして立てさせることが大切であり、この設計が全てではないことに留意させる。

⑤ 中学卒業後の進路について、「就職」「進学」「その他」に大別し、それぞれについて検討し、計画を立てさせる。その中で、自分が進みたい進路を実線（赤）でたどらせる。

　　　　　　　　　　　（2時間目）

3 指導のポイント

・進路設計を立てる場合、より具体的な内容を考えさせることが大切である。また、選択した職業の社会での役割やそこでの生徒自身のやりがいが含まれることが重要である。

・作成したワークシートはキャリア・パスポートに保管させる。

進路計画を見直そう

年　　　組　　氏名

1　1年間を振り返りましょう。

希望の職業は（年度初め）	なぜ、その職業を希望しましたか？
職業体験学習の職業は	体験学習を通して、その仕事についてどう考えましたか？

2　今年の学習を振り返り、自分の進路を考えてみましょう。

今、自分がなりたい職業は	自分の能力を高めるためや仕事に必要な資格や経験は？

3　具体的な将来予想図を書いてみましょう。

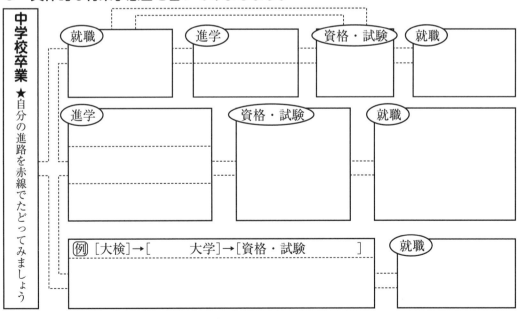

中学校卒業　★自分の進路を赤線でたどってみましょう

就職　　進学　　資格・試験　　就職

進学　　資格・試験　　就職

例 [大検]→[　　　大学]→[資格・試験　　　]　　就職

第3学年の指導内容について

1 最終学年として、明確な目標を立てる

　2年間の中学校生活を振り返って、どのような点が充実していたか、一方、何が不足していたかなどについて検討し、悔いのない1年間となるよう、明確な目標を立てさせる。同時に、それを達成したいという意欲を喚起させるように工夫することが大事である。例えば、なぜその目標を立てたのか、そして、その目標が達成できたときにどういうプラスの結果が生じるのかについて考えさせ、その目標自体の魅力を高めることも一つの方法である。

　義務教育の集大成であるという意識を高めるため、中1、中2はもちろんのこと、小学校時代からのキャリア・パスポートを活用してほしい。

2 進学先に関する情報を主体的に収集する

　進学先（上級学校）選択の方法について学習する中で、進学先に関する情報収集の必要性を理解させる。そして、情報収集の方法を学び、自分の希望する進学先について主体的に情報を収集させる。また、卒業生を招き、上級学校の様子を具体的に話してもらうことによって得られる最新の情報も重要である。ただし、受け身的にその卒業生の話を聞くだけでなく、あらかじめ生徒が質問事項を考え提出しておくことによって、卒業生がそれらに回答する、という方法もある。これは生徒の主体性を取り入れており、生徒も更に興味・関心をもってその話を聞くことができる利点がある。

3 体験入学の意義を理解させ、実際にそれを実行する

　事前学習として、なぜ上級学校への体験入学を行う必要性があるのか、その意義を十分に理解させるとともに、自分は体験入学によって何を明らかにしたいのか、その目的を明確化することによって、その活動への参加意欲を高めることがまず大切である。そして、体験入学を通して、自分は何を学んだかについてまとめさせ、学級や学年全体で発表させるなどして情報を共有化することも有効である。

4　上級学校を選択し、その進路実現に向けた課題を明らかにする

体験入学などから得た情報も合わせて、最新情報を提供し、自分の希望や保護者の考えなども考慮に入れながら、上級学校について最終的な選択をさせる。その進路実現のためには、何が課題であるのかを明確にし、残りの時間の中でそれを克服するためには「何を」「いつまでに」「どのように」行わなければならないのか、具体的な計画を立てさせる。そして、それが実行されていくように、日々の学校生活の中で支援し、フォローしていくことも必要である。

5　受験期で乱れがちな生活習慣を整える

10月を過ぎると主な学校行事も終わり、中学3年生は受験勉強に取り組むようになる。中には睡眠時間を削る生徒もいる。逆に、学習に意欲をもてず、メディアにのめり込む生徒も出てくる。そのような時期に生活習慣を整え、心身の健康を維持することは重要である。定期テストの前後に学年や全校で生活改善週間などを設定し、睡眠時間等を記録しながら、自身の生活習慣の課題を把握させたい。養護教諭が資料を提供するなど専門的な知識に基づき、生活習慣を整えることの必要性を理解させたい。

6　防災の視点から市民（地域住民）としての役割を考える

日本のどこかで毎年災害が起こっている。内閣府は災害が起こった場合に自分の身は自分で助ける「自助」や近所の人等と助け合う「共助」の取り組みを進めることが大切であると述べている。中学生ともなれば、助けられる側ではなく、核となる地域住民の指導により成人と同等の自助も共助も進められる力を備えている。災害に関わる人との交流や避難訓練を通して、自助・共助を推進する知識・技能を身に付けるとともに、市民（地域住民）として社会に参画する意識を高めたい。

7　卒業後の生き方を考え、新しい生活への心構えを確立する

卒業を目前にした生徒に対して、卒業直後だけではなく、長期的な視点に立った卒業後の「生き方」を問い直し、再度自分の考えをまとめる。同時に、自分にとってその生き方の意味するところについても認識を深めさせる。そして、最終的には、自分の希望する新しい生活に踏み出す心構えをしっかりともたせることが肝要である。

本書では3年生で新たに防災に関する視点に基づく実践例を載せた。載せた理由の一つとして、中学3年生は3年後には成人になり、選挙権をもつとともに、市民（地域住民）としての役割が期待されているからである。特に高齢化・過疎化の進む地域ではその期待は大きい。また、日本ユニセフ協会（2022）は持続可能な世界を創るための教育実践の一つとして、防災に関する取り組みを紹介している。災害に関する学習を推進し、市民（地域住民）として防災の実現のための行動力も求められる。

1

最終学年の目標を立てよう

1　指導のねらい

　義務教育最後の1年を充実したものにするため、これまで学んできたキャリア・進路学習を総動員して進路実現に向かうよう、教師は意図的、計画的に支援を講ずることが必要である。そのために、これまでの自分を謙虚に省みながら、残り1年間に何があり、どう課題を乗り越えていくべきかを考える機会を設定し、自主的、自律的に生きる意欲や態度を養いたい。

2　指導方法

① 　キャリア・パスポート（1・2年）を振り返りながら、最終学年で願う自分の目標について、ワークシートの1に記述させ、発表を通して学級の全体像をつかむ。

　・事前に情報端末のツールを使ってアンケートを取り、集約した順位の項目内容を当てる導入を組織してもよい。

② 　1年間の行事予定や主な教育活動、予想される出来事などをワークシートの2に記述し、発表する活動を組織する。1年間の忙しさを実感させる。

　・ワークシートは、情報端末に配付して入力させてもよい。

③ 　ワークシートの1で記入した目標を達成するために、②で確認した行事等と関連させてどのように過ごしていくのか、心構えや努力する内容についてワークシートの2に記入させる。

④ 　各自のワークシートを提出させ、何人かの例を紹介し、ポイントを指摘して意識を高める。

⑤ 　授業後、ワークシートの2に教師からのアドバイスや励ましを記入・返却することで、意欲を高めたい。保護者のコメント欄を追加し、期待や願い、励ましなどを寄せてもらったり、教師側がキャリア・カウンセリングの際の指導資料にしたりするなど応用も考えられる。

3　指導のポイント

・ワークシートの1については、学習面（進学）の目標に偏りがちであるが、キャリア・パスポートを積極的に活用し、成長させたい自分について多面的な視点から分析させたい。

・単調な流れにならないよう、情報端末を使って班内で意見交換させたり、ワークシートと同じものを大型モニターに提示して各月に入る行事や出来事を穴埋め式にするなどゲーム的な要素を取り入れたりして、生徒による主体的な活動を組織したい。

・より現実感をつかませるために、前年度の学校行事ビデオや写真を編集し、スライドショーにして提示すると、より効果的である。

最終学年の目標を立てよう

年　　　組　　　氏名

1　あなたの課題とこの１年で目指す目標や姿を書き出してみましょう。

課題：

目標・なりたい姿：

2　中学３年生の１年間はとても忙しい。下の表にあなたの学校の主な行事や活動などを思いつくまま書き出してみましょう。また、それぞれの節目で達成したい姿や、そのために必要な努力や心構えなど、見通しを書き込んでみましょう。

【行事や活動例】始業式、体育祭、文化祭、修学旅行、生徒会行事、校外学習・体験活動、高校体験入学、定期テスト、三者面談、進路相談、進路説明会、公立高校受検、私立高校受験、卒業式など

月	主な行事と進路決定にかかわる出来事	目指す姿・努力すること	担任より
4			
5			
6			
7			
8			
9			
10			
11			
12			
1			
2			
3			

2 進路を考えよう

1 指導のねらい

　多くの中学生にとって、当面の進路先となるのは高等学校である。夢と希望をもって進学するには自分の特性や希望に合った学校の選択が不可欠となる。

　そこで、個々の生徒が進路選択に当たって重視する条件、すなわち「ものさし」をもつ必要がある。この「ものさし」を定め、進路先を選択していくための自分の考えをまとめていく意欲と手順を身に付けさせたい。

2 指導方法

① 　ワークシートの1では、高校選択の際に重視するものを1〜4の段階別に分け、自分で考えて決定する。

② 　ワークシートの2では、自分が進路を選択する上で重視する条件を1〜4番までに絞り込んで決定していく。具体的な条件が書けることが大切である旨を説明し、自分の考えをまとめさせる。

③ 　ワークシートの3では、重視する条件、すなわち「ものさし」が決まったら、そのものさしに合った進路先を一つのものさしに対して一つずつ決定する。

④ 　四つの条件で四つの進路先が準備できることになるので、全ての進路先について四つの条件を調べ、比較する情報を収集する。

　・情報端末を準備させ、インターネットで検索することでより多くの情報を収集させるが、このとき誤情報に注意し、情報を取捨選択する力を養っておくことも必要である。

　・各都道府県などで作成している進路指導用の高校案内をまとめたものなどを利用し、生徒が短時間で情報を収集できるように準備しておくとよい。

⑤ 　進学の目的を確認し、最適と考えられる進路先を 'BEST HIGH SCHOOL' として選択していくが、条件によって学校が変わってくることに留意させる。

3 指導のポイント

・調査学習用に利用する学校案内や募集要項などを事前に取り寄せておく。

・すでに自分の志望校が決まっている生徒もいると考えられるが、改めて、「ものさし」ごとの 'BEST HIGH SCHOOL' を選ばせる。選択した各高校の「ものさし」ごとの情報を全て記入させることで、多くの高校についての情報が増えることになる。

進路を考えよう

年　　　組　　　氏名

私の「ものさし」〜進学編〜

1　志望校を選定するとき、あなたは次の何を重視しますか？　次の項目について重視する程度を4段階に分けて、自分の考えに合う番号を（　　）に書きましょう。

とても重視する…4　やや重視する…3　あまり重視しない…2　ぜんぜん重視しない…1

①学費（　　）　②校風（　　）　③校舎、施設（　　）　④伝統・世間一般の評価（　　）

⑤学力（　　）　⑥高校卒業後の進路（　　）　⑦必要な資格、免許（　　）

⑧学習内容（　　）　⑨共学かどうか（　　）　⑩通学時間、距離（　　）

⑪宗教の有無（　　）　⑫公立・私立（　　）　⑬制服（　　）　⑭大学の附属（　　）

2　あなたが「とても重視する（4）」をつけたもので、1番重視するものから4番目に重視するものまでを選んで下に書きましょう。また、その具体的な条件も書きましょう。

例：1番目に重視したいのは高校卒業後の進路で、私は大学に進学ということを希望する

1番目に重視したいものは（　　　　　　　）で、私は（　　　　　　　）ということを希望する
2番目に重視したいものは（　　　　　　　）で、私は（　　　　　　　）ということを希望する
3番目に重視したいものは（　　　　　　　）で、私は（　　　　　　　）ということを希望する
4番目に重視したいものは（　　　　　　　）で、私は（　　　　　　　）ということを希望する

3　私の「ものさし」から見た BEST HIGH SCHOOL を調べましょう。

	（　　　）高校	（　　　）高校	（　　　）高校	（　　　）高校
1番重視のものさし （　　　　　）				
2番重視のものさし （　　　　　）				
3番重視のものさし （　　　　　）				
4番重視のものさし （　　　　　）				
その他 （　　　　　）				

3

●進路情報 　特別活動／2時間

卒業生から学ぼう

1 指導のねらい

　生徒にとって身近な存在である自校の卒業生の体験を知ることは、自己の進路決定に向けて刺激を受けるよい機会である。そこで、「卒業生に学ぶ会」として、自分の希望とする高等学校への進学を実現した卒業生から、中学生の頃にどのように受験勉強に取り組んでいたか、高校での学習はどれほど大変なのかなど、実際の体験を知る機会を設けたい。生徒には日頃の学習方法を見直し、長期の休みやこれからの学習についてしっかりとした見通しをもたせることができる。また、高校によっては、学校説明会やオープンスクールなどで高校生の体験談を紹介する場を設定している場合もあるので、積極的に利用することもよい機会となる。

2 指導方法

①　事前に、ワークシートの1であらかじめ質問内容を考えさせておく。

②　「学ぶ会」当日は、卒業生の話をひととおり聞いた後に、学校別や学科別の小グループに分け、卒業生を囲みながら、より具体的な質問などを気軽に話し合わせる。

　・中学校の授業日に行う場合は、高校も授業日であることが多いので、事前に録画した動画を利用したり、リモートで実施したりするなどの工夫が必要である。

　・録画の場合は、事前に質問事項を送付しておく。

③　ワークシートの2に、卒業生の話を聞いての感想や疑問点等を記入させる。

3 指導のポイント

・「学ぶ会」は、多くの生徒が本格的に受験勉強への取り組みを始める3年生の夏季休業日等に行うことが望ましい。

・進路希望調査などを基に、依頼する卒業生の高校や学科を決定する。その際、多様な学校・学科について広く紹介するのか、普通科が多くなっても進学や学習への意識付けができればよいのかを明確にして人選する。

・「学ぶ会」の運営は、3学年生徒会などを有機的に動かし、広報活動や会場準備、司会進行、卒業生への依頼や礼状なども生徒の活動として組織したい。また、PTAの学年行事として位置付け、保護者も巻き込んで企画・運営することも可能である。

・形式にとらわれず、自由な雰囲気の中での意見交換となるよう援助できるとよい。

卒業生に学ぶ会

年　　　組　　氏名

1　卒業生にこれだけは聞いておきたい、とっておきの質問 Q&A

①　　　　　　　　高校	科	さんへ
Q	A	

②　　　　　　　　高校	科	さんへ
Q	A	

③　　　　　　　　高校	科	さんへ
Q	A	

2　卒業生の話を聞き、印象に残ったことや疑問に感じたことをメモしましょう。

4 進路先の様子を知ろう Ⅰ

●啓発的経験 特別活動／2時間

1 指導のねらい

　単なる憧れから明確な進路決定へ向かわせるには、実際に上級学校の環境や雰囲気に触れることが大切である。しかし、目的意識が乏しいままの体験では、調べる視点に偏りがあり、単なる物見遊山に終わってしまいがちである。そこで、体験入学（見学）に当たっては、臨む際の注意点や調査したい事柄について主体的・協働的な活動を組織し、体験入学そのものが目的にならないよう、事前指導を工夫し啓発的な機会にしたい。

2 指導方法

① 体験入学に関する日程を確認し、注意点や調査事項をワークシートの1に記入する。

・体験入学（見学）時に気をつけたいこと：服装や態度、指定されている持ち物（筆記用具）を忘れない、集合（受付）時間を守る　など。

・体験入学（見学）において調べておきたいこと：所在地、電話番号、交通手段、通学所要時間、学校の規模、学校の特色、施設や設備、教育理念、学科の種類と特色、カリキュラム、学費、卒業後の進路、部活動、学校の雰囲気、校則、制服、選抜方法、募集定員、資格取得の有無、学校行事、特色ある活動、指定校推薦先情報、学校が求める生徒像　など。

② ディベート（テーマ「進学するなら私立高校である⁉」）の開催を予告し、準備させる。

・肯定側と否定側にグループ分けし、グループ内で意見交換、役割分担を行う。プレゼンテーションに必要となる資料や統計などは宿題とする。　　　　　　　　　（1時間目）

③ 準備したプレゼンテーション資料を基に実際にディベートを行う。

(1) 主な意見（なぜ肯定するのか）を立論する（肯定側、否定側の順）。

(2) 質問（質疑）を行う（肯定側→否定側、否定側→肯定側の順）。

(3) 反論する（肯定側→否定側、否定側→肯定側の順）。

(4) 第三者が判定を行い、勝敗を決める。体験入学を通して検証することとし、目的意識を高める。　　　　　　　　　（2時間目）

3 指導のポイント

・①は、「個人で記述→班による意見交換→穴埋め式ゲーム」等、活動形態を工夫する。

・ディベートは班対抗で立場を割り振り、勝敗を競わせてもよい。自分の意見が与えられた立場と異なっても、違った視点から考えるよい機会とする。

進路先の様子を知ろう

年　　　組　　氏名

1　あなたの体験入学（見学）資格度チェック！

　体験入学（見学）は進路先の様子を知る絶好のチャンスです。下には進路先を訪問する上で気をつけたいことや調査したい項目を書き込む欄が20あります。1つあたり5点として、100点中何点獲得できるか挑戦してみましょう。　**→あなたの獲得した点数は** ☐ **点**

体験入学（見学）時に気をつけたいことは？（あなたは学校の代表として見られています）		←必須
(1)	(2)	項目！
(3)		
体験入学（見学）において調べておきたいことは？（百聞は一見に如かず）		
(1)	(2)	
(3)	(4)	
(5)	(6)	
(7)	(8)	
(9)	(10)	
(11)	(12)	
(13)	(14)	
(15)	(16)	**80点**
(17)		**以上**
		合格！

2　ディベート「進学するなら私立高校である⁉」
　〜自分の考えをもち、体験入学（見学）で検証してきましょう〜

(1) 進学する場合、あなたは肯定側？　否定側？
　┌肯定側→「私立高校をよいとする立場」
　└否定側→「公立高校をよいとする立場」

私の立場は、
（　　　　　）です！

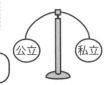

(2) そのように考える理由

(3) 反対の立場への質問（質疑）と反論など

(4) ディベート後の私の考えとその理由、進路先で特に調べたいことなど

5 進路先の様子を知ろう Ⅱ

●啓発的経験 　特別活動／2時間

1 指導のねらい

　ガイドブックや卒業生等の話、あるいは想像だけでなく、体験入学を通して、直接自分の目で確認して感じる意義は大きい。体験を通してより実感が湧き、進路についての関心が高まる。ここでは進路を選択するための情報を収集・記録すると同時に、学校案内、ガイドブック、インターネット情報だけでは知り得ない、感じたこと、雰囲気なども記録し、体験での気持ちを大切にしながら進路選択のためのイメージをもたせたい。

2 指導方法

① 　体験入学前の事前指導としてどのような観点で見てくればいいのかを知らせる。学校案内やガイドブックで調べれば分かるようなことではなく、体験入学を通してでしか知り得ないことを感じてくるように指導する。将来、進学した際の家からの交通機関、所要時間などを知る機会であること、また、学校施設だけでなく周辺のお店や様子を知る機会であることも理解させる。　　　　　　　　　　　　　　　　　　　　　　　　　　　　　　　　（1時間目）

② 　体験入学中、体験後に、必要事項を忘れないうちに記入する。学校案内に記載されていること、数値的なものだけでなく、校舎の外観、周りの風景、印象など、自分で感じたことを記録する。特に感想や印象などは気持ちが新鮮なうちに記録する。

③ 　体験入学でメモしたものを基に、ワークシートに記入させる。

④ 　掲示された他の人のワークシートを読んで、進路に関する情報を入手する。

⑤ 　体験入学をしての感想や他の人のワークシートを見た感想を記入し、班や学級全体で意見交流する。意見交流には情報端末のツールを使用してもよい。　　　　　　　　　（2時間目）

3 指導のポイント

・ワークシートや高校からの配布物をファイリングし、進路選択をする上での資料にする。
・ワークシートを教室や廊下などに掲示し、進路先の情報を共有して、進路への関心を高めたい。
・このワークシートを体験入学時のメモ用紙として使用させてもよい。
・本時の指導後に、卒業生を迎えて体験談や生の声を聞くような交流する場面を設定することにより、具体的な情報を得ることができ、関心が高められる。

体験入学でわかったことをまとめよう

年　　　組　　氏名

学校の周りの風景の感想は？

生徒の様子を見ての感想は？

校舎の外壁
の色は？

説明をしてくれた先生の印象は？
・
校舎の様子を見ての感想は？
・
制服を見ての感想は？
・

校舎は
何階建て？

学校周辺にあった気になるお店は？

学校名	
住所・電話番号	
交通手段・所要時間	
学校の規模（クラス数）	
学校の特色	
学科の特色	
募集人員	
資格修得有無	
部活動	
学費・交通費	
選抜方法	

6 進路先を選択しよう

1 指導のねらい

　進路先の選択決定への指導援助は中学校における系統的なキャリア教育・進路指導の総仕上げであり、次の発達段階への移行支援でもある。本時の目的は、これまでの進路学習を通じて得た「進学先の情報」「自己の興味・関心」「選択基準となる価値観」といった諸要素を統合して主体的な選択を促すことである。また、その選択を達成するための課題や目標を自ら設定し、課題の解決や目標の達成に向けて学習面・生活面における主体的な行動を促したい。

2 指導方法

① 　進学先選択は、多くの生徒にとってキャリアに関する初めての意思決定場面である。ともすれば、その時点での合格可能性や周囲の動向に影響を受けるなど、これまでの学習で積み重ねてきた生徒自身の進路意識や価値観、選択基準との連続性を保ちにくくなるおそれが生じる。そこで、本時以前に行った各種進路学習で使用した資料などを事前に各自で読ませる。

② 　以前の記載内容を確認させ、現在の自分との連続性を意識させ、過去を含めて現在と今後の自分に対する時間的展望を一貫してもつように促す。　　　　　　　　　　　　　（1時間目）

③ 　ワークシートの1と2では、実際に調べたり見学したりした上級学校（高等学校など）を挙げさせ、その学校の特徴を記入させる。

④ 　将来、自分が「その学校の生徒になったら」と仮定することで、その上級学校での生活場面の具体的イメージを生徒自身の中に描かせる。そうすることで、進路選択・キャリア形成は自らが行うという主体性を促していく。

⑤ 　ワークシートの3では、これまでの学習で積み重ねてきた、自己の理解する興味・関心や価値観を言葉として再び書き起こす作業を行い、その上級学校の環境との整合性を教師との面談で行っていく。

⑥ 　ワークシートの4を記入させることで、今後の過ごし方について自ら課題を立てさせる。そして、その課題を解決・遂行するプロセスを援助していく。　　　　　　　　　（2時間目）

3 指導のポイント

・本時の指導は、これまでの進路学習との系統性に配慮しつつ、生徒の「過去・現在・未来」の時間的展望を一貫させるように促す。

・上級学校に進んだ後でも、生徒自身の理解する「自己の諸側面」を発揮・成長させられるかどうか、ということに重点を置いて、進学先選択のプロセスを援助していく。

進路先を選択しよう

年　　　組　　氏名

1　これまでに本やインターネットで調べたり、実際に見学したりした学校を挙げてみましょう。

学校名	学科	コース	その学校の生徒になったら後輩にPRしたい点
①	科	コース	
②	科	コース	
③	科	コース	

2　あなたが「将来その学校の生徒になった」としたら、中学校の後輩や弟や妹に自分の学校を知ってもらうために、その学校のどういう点を PR しますか？
　　上の表の右欄に書いてください。

3　今までに調べたり、見学したりして、「自分に合っている」と思った学校はどこですか？　また、そう思った理由は何ですか？

学校名	学科	コース	「自分に合っている」と思った理由
①	科	コース	
②	科	コース	

4　その学校に進学するために、あなたはどのように残りの中学校生活を送ろうと考えていますか？　進んでやるべきこと、達成したいこと、目標や計画などを書いてみましょう。

(1)　学習面

(2)　学校生活面（学級や学年での過ごし方、行事等）

(3)　学校外での活動面

7 ●自己理解 ［特別活動／1時間］
自己の生活習慣の改善を図ろう

1 指導のねらい

　自己の生活習慣を振り返り、工夫したことと課題を見つめ、他者のよいところを発見し、これからの生活習慣に生かすことができるようにする。

　受験期を迎えた中学校3年生の生活習慣（学習、睡眠、メディア）を振り返り、自己調整し、よりよい生活を送れるようにする。

2 指導方法

① 　生活改善週間が始まる前に前半の目標を記入させる。また、登校後、学習、睡眠、メディア時間、起床及び就寝時刻を記入させる。

② 　記録を見て、各項目の平均値と起床及び就寝時刻の差を把握させる。

③ 　生活習慣チェックシートを見ながら目標時間に対しての結果を記入させ、これまでの生活の振り返りを行わせる。

④ 　友達の生活の工夫から、自己の生活に生かせる工夫を考え、記入させる。

⑤ 　生活習慣の学習資料を提示し、自己の生活習慣に足りないところを見付け、友達の工夫を取り入れながらこれからの生活習慣を計画する（後半の目標を作成させる）。

⑥ 　その後、改善に向けた取り組みを1週間行い、後半の生活習慣を記入させる。

⑦ 　改善の取り組みの終了後に振り返りを行わせる。

3 指導のポイント

・睡眠週間（保健）とリンクさせ、自己の睡眠を把握できるようにする。

・数値だけでの振り返りにならないように、生活の目標に対して自己の生活がどうだったかを振り返れるように促す。

・どうすれば改善できるのか、班やグループで話し合う場面を設定する。

・月や時期に合わせて自己の目標を設定し、その都度一番重要なことを考え、生活を計画し行動できるようにする。

・生活習慣に関する資料の作成は養護教諭と連携を図る。

・生活改善週間の記録は情報端末に入力させてもよい。

生活習慣チェックシート

年　　　組　　氏名

※起床・就寝時刻については、最も遅い時刻と最も早い時刻の差を記入しましょう。

	学習時間	起床時刻	就寝時刻	睡眠時間	メディア時間
前半の目標					
月　日（　）	時間　分	：	：	時間　分	時間　分
月　日（　）	時間　分	：	：	時間　分	時間　分
月　日（　）	時間　分	：	：	時間　分	時間　分
月　日（　）	時間　分	：	：	時間　分	時間　分
月　日（　）	時間　分	：	：	時間　分	時間　分
月　日（　）	時間　分	：	：	時間　分	時間　分
月　日（　）	時間　分	：	：	時間　分	時間　分
1週間平均・差	時間　分	時間　分	時間　分	時間　分	時間　分

振り返り　（自身のよかった点等）	参考にした友達の工夫や意見

改善に向けた取り組み

	学習時間	起床時刻	就寝時刻	睡眠時間	メディア時間
後半の目標					
月　日（　）	時間　分	：	：	時間　分	時間　分
月　日（　）	時間　分	：	：	時間　分	時間　分
月　日（　）	時間　分	：	：	時間　分	時間　分
月　日（　）	時間　分	：	：	時間　分	時間　分
月　日（　）	時間　分	：	：	時間　分	時間　分
月　日（　）	時間　分	：	：	時間　分	時間　分
月　日（　）	時間　分	：	：	時間　分	時間　分
1週間平均・差	時間　分	時間　分	時間　分	時間　分	時間　分

生活改善週間を振り返って（よかった点、改善点、今後の自身の生活習慣について）

8 ●啓発的経験 総合的な学習の時間／2時間
地域と災害について考えよう Ⅰ

1 指導のねらい

　地域の過去の災害や今後起こり得る災害を想定し、災害前の防災や災害時に中学生としてできることを考え、地域の一員としての自覚を促し、地域に貢献しようする意欲や態度を高める。また、災害と関わる仕事に従事する人の防災に対する思いを聞くことで、防災についての基礎知識を学ぶとともに、防災に対する関心や意欲を高める。

2 指導方法

① インターネットで地域における過去の災害や他地域の災害を調べ、今後起こり得る災害を考え、災害の種類や規模から地域の特徴に気付かせる。 (1時間目)

② 災害と関わる仕事に従事する人から実際の災害時の様子や地域の防災についての話を聞き、防災への理解を深める。また、仕事の内容や防災に対する思いを聞き、防災への関心や意欲を高める。

③ 災害への備えとしての防災や災害時における避難所等で、中学生としてできることを考える。

④ 個人やグループで考えたことをクラスで共有し、今後の具体的な行動につなげる。

(2時間目)

3 指導のポイント

・過去の災害を振り返るときに、被災生徒や被災家族に十分に配慮する。

・地域防災のために活躍する人の話を聞き、勤労観・職業観を養う。

・災害に関わる仕事に従事する人としては、自治体の防災担当、消防士、自衛隊員、医師、看護師等が考えられる。また、防災士の資格をもつ人や消防団員の保護者等を講師として招聘することも考えられる。

・講師の都合によってはオンラインの活用も想定する。

・防災や災害時に中学生としてできることを、個人、ペア、グループ等、学級の実態に合わせて学習形態を工夫する。

・防災や災害時に中学生としてできることを学級全体で共有し、実際の行動につなげる発展的な学習につなげる。

・防災教育にとどまらず、SDGs の目標 11「住み続けられるまちづくりを」につなげるとともに、町の環境美化や地域行事への参加など、地域貢献への意欲を高める。

地域と災害について考えよう

年　　　組　　氏名

1　地域と災害

地域でこれまでに起こった災害や、これから起こりうる災害について、書籍やインターネットを使って調べてみましょう。

これまでの災害	起こりうる災害

2　防災に携わる人から学ぶ

講師の方から実際の災害時の様子や防災の現状、防災士の仕事などについて学びましょう。

〈講師のお話を聞き、メモをしましょう〉

3　中学生ができること

講師の方のお話を聞いて、学校が避難所になった場合を想定し、災害前や災害時に、中学生の私たちができることを考えましょう。

災害前（防災）	災害時（避難所）

● 課題解決　総合的な学習の時間／１時間

9 地域と災害について考えよう Ⅱ

1 指導のねらい

　中学生の目線から避難訓練を振り返り、学校と地域の視点で安全や防災について考えることができるようにする。また、安全や防災が、まちづくりや地域の一員として生きることと関連することを理解し、有事の際の中学生として果たす役割の重要性に気付くことができるようにする。

2 指導方法

① 避難訓練での自分の行動を振り返らせる。
　(1) 避難訓練での自分の行動について、場面ごとにワークシートの１に記入する。
　(2) 班で、各々の取った行動を発表し合う。
② 災害発生時に自分がいる場所や時間が異なった場合について想起させる。
③ 自分たちの改善点や課題を考えさせる。
　(1) 自分の身を守るためのより安全な行動や、集団で避難するためのより適切な方法はないかを考え、ワークシートの２に記入する。
　(2) 考えた行動や方法を班で発表する。
　(3) 班の代表は、自分たちの考えた行動や方法を学級全体に発表する。
④ 学校と地域の安全や防災の視点から、災害時に働く人（消防士、看護師等）や地域の人（自治会の人や防災士等）への質問やお願いしたいことを考えさせる。
　(1) 質問やお願いを班で話し合い、ワークシートの３と４にまとめる。
　(2) 班の代表は、自分たちの話し合った質問やお願いを学級全体に発表する。
⑤ 安全や防災での「自助」「共助」を確認し、学校や中学生が果たす役割、災害時に働く人や地域の人との連携と今後の見通しをまとめる。

3 指導のポイント

・災害の想定やタイムラインが意識できる投げかけや助言を行う。
・ワークシートへの記入や、全体での発表をまとめる際などに、思考ツールを用いることもできる。
・ワークシートに記入された質問やお願いを活用し、学校と地域の協働活動へ発展させる（例：次時等に災害時に働く人や地域の人にオンライン等で質問する場を設定する）。
・班代表の発表の代わりに、情報端末を使って、学級全体で意見交流してもよい。

避難訓練を振り返って

年　　　組　　氏名

1 災害（例：地震、浸水など）を想定した避難訓練での自分の行動を振り返りましょう。

発生時	
避難時	

2 避難訓練を振り返って、改善したほうがよいことや、今後の課題だと思ったことを書きましょう。

3 災害時に働く人（消防士さんや看護師さん等）や地域の人（自治会の人や防災士の人々等）に質問したいことを書きましょう。

4 災害時に働く人や地域の人にお願いしたいことを書きましょう。

10 ●将来設計 [特別活動／2時間]
将来の生き方について考えよう

1 指導のねらい

　私たちを取り巻く社会や環境は、近年複雑で変化の激しい時代を迎えている。「人生 100 年時代」という言葉も出てきた。卒業を迎える生徒にとって、長い将来は夢や希望にあふれる一方で、不安やとまどいも大きい。その中でも、これまでの生き方を振り返りながら、節目に悩みながらも乗り越えてきたことを回想させ、力強く将来へ向かう意欲や態度を育てていきたい。

2 指導方法

①　ワークシートを使い、生まれてからこれまでについての出来事（学習や生活、体・健康など）を思い起こし、人生の盛衰と捉えて曲線（チャート）で表すように説明する。

②　チャートの下の欄には、節目となる出来事の様子や対応を省み、記述する。その過程において、自分が友達や教師、家族など周囲と関わりながら成功や失敗を糧にし、成長してきていることに気付かせる。

③　人生 100 年時代。長い人生を見据えて、どのような生き方をしたいか、どのような困難が予想されどう乗り越えたいかなどを展望し、チャートの続きを構想させる。　　　（1 時間目）

④　完成したワークシートを基に、様々な生き方についての意見交換の場を設定する。

⑤　友達の発表を基に、改めて将来の生き方について、未来の自分へ作文を書かせる。

（2 時間目）

3 指導のポイント

・事前に教師が自身のライフキャリア・チャートを作成しておき、ポイントを理解させる。

・幼少期や小学生期については、家の人や友達に聞くなどして、客観性を担保し完成させる。この作成を通して、自分の意外な成長の一端を発見する機会としたい。

・1 時間目では、ここ数十年の間で隆盛や人気を極めた職業や産業の移り変わりや、今後数十年でなくなる職業、残ると言われている職業のデータなどを準備して提示すると、より深い考察が期待できる。各自の将来設計を多面的・多角的に考えさせていきたい。

・2 時間目では、ワークシートの紙面にとどめず、当時の写真や動画などを編集し、情報端末を使ったプレゼン会にすることで、より関心を高めることが期待できる。

・単なる発表会とせず、将来設計のよい視点は取り上げ、実現への意欲向上と再考を促したい。

将来の生き方について考える（人生100年時代）

年　　組　　氏名

自分はいかに生きてきたか、これからどう生きたいか!?

★人生盛衰曲線（ライフキャリア・チャート）の作成を通して、自分の生き方を省み、今後を展望しましょう。

[やり方] 人生における節目の中で、学習（知）や生活・心（徳）、体・健康（体）の視点から自分の調子の変化を曲線（チャート）で表し、振り返ってみましょう。下の欄には、そのときの様子や抱負を記します。人生には、浮き沈みがあることに気づくはず！苦しかったときや楽しかったときを含み、これからの自分の将来の生き方をまとめてみましょう。

[凡例] 学習：実線 ―――　生活・心：点線 ----------　体・健康：一点鎖線 ―・―・―

	幼少時代	小学校時代	中1時代	中2時代	中3時代	卒業後の人生
好調						
やや好調						
普通						
やや不調						
不調						

誕生　7歳　　　　13歳　14歳　15歳　　20歳　　　40歳　　　60歳　　　80歳　　　100歳

★人生盛衰曲線（ライフキャリア・チャート）を作成して気づいたことや自分の未来に関して、思ったことを書きましょう！

引用・参考文献

中央教育審議会 (1999). 初等中等教育と高等教育との接続の改善について

中央教育審議会 (2011). 今後の学校におけるキャリア教育・職業教育の在り方について（答申）

中央教育審議会 (2021). 「令和の日本型学校教育」の構築を目指して～全ての子供たちの可能性を引き出す，個別最適な学びと，協働的な学びの実現～（答申）

藤本喜八 (1991). 進路指導論　恒星社厚生閣

平木典子 (1993). アサーション・トレーニング：さわやかな〈自己表現〉のために　日本・精神技術研究所

平木典子 (2007). 図解　自分の気持ちをきちんと〈伝える〉技術：人間関係がラクになる自己カウンセリングのすすめ　PHP研究所

広井甫 (1969). 青年期における職業観の発達　進路指導，42　Pp.424-429

広井甫 (1976). 職業観の意味ならびに発達と形成について　職業観の発達と指導（職業観研究セミナー報告書）日本職業指導協会　Pp.7-28

胡霞 (2021). 調査の概要「高校生の社会参加に関する意識調査報告書：日本・米国・中国・韓国の比較」国立青少年教育振興機構青少年教育研究センター　Pp.3-7

国立教育政策研究所 (2002). 児童生徒の職業観・勤労観を育む教育の推進について（調査研究報告書）

国立教育政策研究所生徒指導・進路指導研究センター (2020). キャリア教育に関する総合的研究第一次報告書

増田寛也 (2014).「地域消滅時代」を見据えた今後の国土交通戦略のあり方について　国土交通政策研究所「政策課題勉強会」資料
　　https://www.mlit.go.jp/pri/kouenkai/syousai/pdf/b-141105_2.pdf〔最終閲覧2023年3月3日〕

松井賢二 (1988). 中学生の労働価値観の年齢差　新潟大学教育学部紀要（人文・社会科学編），29⑵　Pp.207-221

松井賢二 (2001). 中学生の学校適応と進路（キャリア）成熟、自己肯定感との関係（Ⅱ）　新潟大学教育人間科学部紀要（人文・社会科学編），4⑴　Pp.237-247

松井賢二 (2007). 今求められるキャリア教育・進路指導とは何か　松井賢二編著　ワークシートで創る！中学校3年間のキャリア教育・進路指導　東洋館出版社　Pp.10-19

水山光春 (2008). シティズンシップ教育：「公共性」と「民主主義」を育てる　杉本厚夫・高乗秀明・水山光春著『教育の3C時代：イギリスに学ぶ教養・キャリア・シティズンシップ教育』世界思想社　Pp.157-227

文部科学省 (2004). キャリア教育の推進に関する総合的調査研究協力者会議報告書

文部科学省 (2006). 小学校・中学校・高等学校　キャリア教育推進の手引：児童生徒一人一人の勤労観、職業観を育てるために

文部科学省 (2011). 中学校キャリア教育の手引き

文部科学省 (2017). 中学校学習指導要領（平成29年告示）

文部科学省 (2019).「キャリア・パスポート」例示資料等について
　　https://www.mext.go.jp/a_menu/shotou/career/detail/1419917.htm〔最終閲覧2023年3月3日〕

文部科学省 (2022a). 今、求められる力を高める総合的な学習の時間の展開（中学校編）

文部科学省 (2022b). 令和3年度児童生徒の問題行動・不登校等生徒指導上の諸課題に関する調査結果の概要
　　https://www.mext.go.jp/content/20221021-mxt_jidou02-100002753_2.pdf〔最終閲覧2023年3月3日〕

文部科学省 (2022c). 生徒指導提要

文部省 (1961). 進路指導の手引：中学校学級担任編　日本職業指導協会

文部省 (1978). 中学校・高等学校　進路指導の手引：高等学校ホームルーム担任編（改訂版）

諸富祥彦 (1999). 学校現場で使えるカウンセリング・テクニック　上　誠信書房

内閣府　啓発用パンフレット「みんなでつくる地区防災計画：「自助」「共助」による地域の防災」
　　　https://www.bousai.go.jp/kyoiku/chikubousai/pdf/pamphlet.pdf〔最終閲覧 2023 年 3 月 3 日〕
中里寛（1999）．みんなでリフレーミング　國分康孝・國分久子・大関健道・藤川章・吉澤克彦編　エンカウ
　　　ンターで学級が変わる　中学校編　Pt. 3　図書文化社　Pp.82-85
日本進路指導学会（1987）．学校教育における定義　日本進路指導学会研究紀要，8
日本創成会議・人口減少問題検討分科会（2014）．ストップ少子化・地方元気戦略　記者会見資料 1
日本ユニセフ協会（2022）．私たちがつくる持続可能な世界（第 5 版）
　　　https://www.unicef.or.jp/kodomo/sdgs/kyozai/dl/SDGs.pdf〔最終閲覧 2023 年 3 月 3 日〕
西岡加名恵（2003）．教科と総合に活かすポートフォリオ評価：新たな評価基準の創出に向けて　図書文化社
尾高邦雄（1995）．職業社会学（尾高邦雄選集　第 1 巻）夢窓庵　Pp.41-53.
政府広報オンライン
　　　https://www.gov-online.go.jp/tokusyu/COVID-19/policy/regionalrevitalization.html〔最終閲覧 2023 年
　　　3 月 3 日〕
菅原裕子（2003）．コーチングの技術：上司と部下の人間学　講談社現代新書

執筆者一覧 （執筆順。所属等は 2023 年 4 月現在）

【編著者】

松井　賢二 （まつい　けんじ）

新潟大学人文社会科学系教授

1960 年生まれ。愛知教育大学卒業、立教大学大学院修了。博士（教育学）。新潟大学助手、講師、助教授を経て、現職。著書に『生徒指導・教育相談・進路指導』（共編著、東洋館出版社、2019 年）、『新版　キャリア教育概説』（編集委員長、東洋館出版社、2020 年）等

田村　和弘 （たむら　かずひろ）

新潟県 三条市立第一中学校校長

1966 年生まれ。新潟大学卒業、新潟大学大学院修了。修士。新潟県公立中学校教諭、新潟大学教職大学院准教授等を経て、現職。著書に『エンカウンターで学級づくり 12 か月　フレッシュ版　中学校 2 年』（共編著、明治図書出版、2012 年）等

【執筆者】

松井　賢二 （上掲）………………………………… まえがき、I 章 1 〜 3、II 章第 1 学年「第 1 学年の指導内容について」、第 2 学年「第 2 学年の指導内容について」、第 3 学年「第 3 学年の指導内容について」

田村　和弘 （上掲）………………………………… I 章 4、II 章第 1 学年「第 1 学年の指導内容について」・2・7、第 2 学年「第 2 学年の指導内容について」・8、第 3 学年「第 3 学年の指導内容について」

今井　　量 （新潟県 上越市立城東中学校教諭）………… II 章第 1 学年 1・11、第 2 学年 5

栗林　　操 （新潟県 田上町立田上中学校校長）………… II 章第 1 学年 3・6・10

津村　　誠 （新潟県 見附市立南中学校教諭）…………… II 章第 1 学年 4・5・9

田村　誠基 （新潟県 新潟市立宮浦中学校教諭）………… II 章第 1 学年 8・12、第 3 学年 5

遠藤　寿紀 （新潟県 新潟市立木戸中学校主幹教諭）…… II 章第 2 学年 1・4、第 3 学年 3

相田　翔平 （新潟県 三条市立第三中学校教諭）………… II 章第 2 学年 2

高橋　信之 （新潟県 十日町市立川西中学校教頭）……… II 章第 2 学年 3

橋本　一幸 （新潟県 新潟市立曽野木中学校校長）……… II 章第 2 学年 6・7、第 3 学年 2

奥田　凱人 （新潟県 新潟市立内野中学校教諭）………… II 章第 2 学年 9

栗原　弘幸 （新潟県 新潟市立内野中学校教諭）………… II 章第 2 学年 10・12

田中　哲也 （新潟県 長岡市立与板中学校講師）………… II 章第 2 学年 11、第 3 学年 8

上村　剛司 （新潟県 長岡市立関原中学校教諭）………… II 章第 2 学年 13

若月　孝志 （元 新潟県公立中学校教諭）……………… II 章第 2 学年 14

土屋　　毅 （新潟県 新潟市立下山中学校前校長）……… II 章第 3 学年 1・4・10

山田　　亮 （東洋英和女学院大学専任講師）…………… II 章第 3 学年 6

石川　慶知 （新潟県 三条市立第二中学校教諭）………… II 章第 3 学年 7

久保田楓香 （新潟県 長岡市立関原中学校養護助教諭）…… II 章第 3 学年 7

諸橋　利香 （新潟県 新潟市立両川中学校教頭）………… II 章第 3 学年 9

新版　ワークシートで創る！
中学校 3 年間のキャリア教育・進路指導

2023（令和 5）年 6 月 18 日　初版第 1 刷発行

編著者：松井　賢二、田村　和弘
発行者：錦織　圭之介
発行所：株式会社東洋館出版社
　　　　〒 101-0054　東京都千代田区神田錦町 2-9-1
　　　　　　　　　　コンフォール安田ビル
　　　　代　表　電話 03-6778-4343　FAX 03-5281-8091
　　　　営業部　電話 03-6778-7278　FAX 03-5281-8092
　　　　振　替　00180-7-96823
　　　　Ｕ Ｒ Ｌ　https://www.toyokan.co.jp

印刷・製本：藤原印刷株式会社
装丁・本文デザイン：藤原印刷株式会社
表紙絵・イラスト：赤川　ちかこ（株式会社オセロ）

ISBN978-4-491-05106-2
Printed in Japan